LE VIN... EST UNE DROGUE !

JACQUES BENOIT

LE VIN
...
EST UNE DROGUE !

MÉMOIRES D'UN DÉGUSTATEUR PASSIONNÉ

**Catalogage avant publication de Bibliothèque et Archives
nationales du Québec et Bibliothèque et Archives Canada**

Benoit, Jacques, 1941-, auteur

    Le vin... est une drogue!: mémoires d'un dégustateur passionné / Jacques Benoit.
    ISBN 978-2-89705-675-9

1. Vin. 2. Vin - Québec (Province). 3. Benoit, Jacques, 1941- - Anecdotes. I. Titre.

TP548.B46 2018   641.2'2   C2017-942782-2

Président: Jean-François Bouchard
Directeur de l'édition: Pierre Cayouette
Directrice de la commercialisation: Sandrine Donkers
Responsable, gestion de la production: Emmanuelle Martino
Communications: Annie-France Charbonneau

Éditeur délégué: Yves Bellefleur
Conception graphique: Simon L'Archevêque
Photo de l'auteur: Alain Roberge
Révision linguistique: Michèle Jean
Correction d'épreuves: Laurie Vanhoorne

L'éditeur bénéficie du soutien de la Société de développement
des entreprises culturelles du Québec (SODEC) pour son
programme d'édition et pour ses activités de promotion.

L'éditeur remercie le gouvernement du Québec de l'aide
financière accordée à l'édition de cet ouvrage par l'entremise
du Programme de crédit d'impôt pour l'édition de livres,
administré par la SODEC.

Nous reconnaissons l'aide financière du gouvernement du
Canada par l'entremise du Fonds du livre du Canada (FLC).

© Les Éditions La Presse
TOUS DROITS RÉSERVÉS
Dépôt légal — 1er trimestre 2018
ISBN 978-2-89705-675-9
Imprimé et relié au Canada

LES ÉDITIONS LA PRESSE
750, boulevard Saint-Laurent
Montréal (Québec)
H2Y 2Z4

AVANT-PROPOS

Selon ma conception du journalisme, le journaliste doit s'effacer au profit de son sujet, il doit lui laisser toute la place pour tenter de le décrire le plus justement possible. Qu'il s'agisse d'un événement, d'une interview ou encore, bien sûr, de vins.

Donc, les... *je-me-moi* sont à éviter et c'est ce que j'ai toujours fait, ou du moins essayé de faire, comme chroniqueur vin.

Ce qui suit échappe à cette règle. Car j'y puise abondamment dans mes souvenirs de chroniqueur pendant plus de 33 ans. Par conséquent, c'est écrit à la première personne.

«Merci de votre compréhension», comme dit la STM (Société de transport de Montréal) quand le métro de Montréal hoquette et s'arrête...

J. B.

1

MON CHEMIN
DE DAMAS

Des privilégiés, si je puis dire, tels le journaliste et historien (autodidacte) Léon Trépanier et son groupe d'amis, qui avaient voyagé, notamment en France, connaissaient déjà le vin, eux. Et profitaient, depuis les années 1920 environ, des prix très bas auxquels étaient alors vendus même les plus grands vins.

Trépanier et son ami Victor Morin – notaire auquel on doit le fameux Code Morin, un code de procédures qu'observent les assemblées syndicales – fondèrent ainsi, en avril 1929, un club gastronomique qui tint, jusqu'au milieu de la Seconde Guerre mondiale, de grands repas où brillaient fréquemment de grands vins.

La Fourchette joyeuse – tel était le nom de ce club dont j'ignorais pour ma part l'existence jusqu'au moment où j'en entendis parler par le petit-fils de Léon Trépanier, François Trépanier, journaliste retraité de *La Presse*.

Celui-ci a en sa possession tous – *tous !* – les menus des 110 repas qui furent tenus par ce club chez l'un ou l'autre de ses membres, qui étaient une dizaine. Tous de la bonne société du temps, par exemple Aegidius Fauteux, avocat et journaliste, Aristide Beaugrand-Champagne, journaliste et architecte, etc.

Tous les plats figurent sur les menus, mais également les vins. De grands bordeaux, notamment des premiers grands crus classés (Latour 1922, Lafite

Rothschild et Margaux, mais sans que les millésimes soient mentionnés), des Chambertin, etc.

« Vins ordinaires, c'est la guerre », écrit le 17 novembre 1940 Léon Trépanier qui recevait chez lui, rue Saint-Hubert, à Montréal.

Puis, en date du 29 avril 1943, le 110ᵉ menu n'affiche… aucun vin !

D'autres rares connaisseurs, dans les décennies qui suivirent – 1960 et 1970, notamment –, leur emboîtèrent le pas.

Je pense entre autres à feu Jules Roiseux, sommelier, à Marcel Gadoua, boulanger de son métier (la marque Gadoua), mais à la retraite depuis nombre d'années, fin dégustateur et fin connaisseur, dont la cave était et est sans doute encore remplie de bouteilles achetées à des prix autrement plus raisonnables que ceux pratiqués à l'heure actuelle.

« Payer une bouteille plus de 100 $, j'en suis incapable », m'a-t-il déjà dit.

On le comprend, compte tenu des prix auxquels il a été si longtemps habitué.

Je pense aussi à ce grand connaisseur qu'était Henry Wojcik, d'origine polonaise, décédé en 1996, diplômé en philosophie, mais également comptable et restaurateur, dont le restaurant du Vieux-Montréal,

Le Fado, rue Saint-Claude, disposait d'une cave de plusieurs milliers de bouteilles. Au nombre desquelles figuraient tous les premiers grands crus classés 1961 – *le* millésime du 20ᵉ siècle pour le Bordelais. Henry Wojcik, à qui je dois tant, et qui fut mon mentor (j'y reviendrai plus loin).

Il y eut aussi, dans ces années-là, un autre club gastronomique beaucoup plus connu que *La Fourchette joyeuse*, à savoir *Le Club des 16*, dont les agapes (un vieux mot quasi oublié) voyaient défiler les meilleurs vins.

Mon cas est loin d'être unique, mais laissez-moi quand même vous raconter comment j'ai été amené à glisser sur la pente faisant que le vin, à un moment donné, est devenu pour moi une véritable obsession. Une *drogue*!

C'était au début des années 1970, en France, tout près d'Aix-en-Provence, dans le village d'Éguilles, juché sur une chaîne de collines du même nom, où nous passâmes alors ma femme Michelle et moi quelques mois avec nos deux jeunes enfants – deux filles, Élisabeth et Frédérique.

Nous achetions au départ le vin de la coopérative locale, en vrac, d'appellation (sauf erreur) Coteaux d'Aix-en-Provence, transporté jusqu'à notre appartement d'Éguilles, rue Marie-Gasquet, dans un gros contenant en plastique de je ne sais plus combien de litres, et puis embouteillé par nos soins ; les bouteilles étaient ensuite bouchées avec des bouchons tronconiques, conçus exprès pour pouvoir être introduits sans difficulté.

Comme tous les Québécois vivant alors en Provence – des étudiants et leur conjoint ou conjointe, l'université d'Aix ayant toujours attiré quantité de Québécois, sans doute à cause du soleil –, nous nous étonnions et nous réjouissions que le vin coûte si peu cher.

« Pas plus cher que le Coke ! », disions-nous.

Mais ce vin si peu cher, tout comme les vins de table (sans appellation) vendus en bouteilles de plastique d'un litre, et dont le prix était fixé selon le degré alcoolique – le prix grimpait en même temps que le degré, des bouteilles comme on en trouve encore en France, notamment de la marque Margnat –, était très ordinaire.

Pour quelques francs de plus (c'était avant l'euro, bien sûr), on pouvait s'offrir au supermarché Escale – une chaîne aujourd'hui disparue – des vins d'appellation contrôlée : Saint-Émilion, Premières Côtes de Blaye, Côtes du Rhône, Mercurey, etc.

Bref, assez rapidement, nous tournâmes le dos aux vins achetés en vrac ou en bouteilles d'un litre, et passâmes aux vins d'appellation contrôlée.

Quand nous sommes revenus au Québec, ma curiosité ayant été en partie satisfaite, je fus quelques années à boire à la fois de la *fameuse* Cuvée des Patriotes – des vins que la SAQ (Société des alcools du Québec) achetait en vrac, souvent d'Espagne, et qu'elle embouteillait elle-même –, mais également quelques vins d'appellation, qui coûtaient alors très peu cher.

Ainsi, nous avons bu ma femme et moi je ne sais combien de bouteilles de Chianti Classico Riserva Ducale Ruffino (5,75 $ au milieu des années 1970, contre 24,45 $ aujourd'hui), du Premières Côtes de Blaye Schröder & Schÿler, etc. (Quand même, c'était infiniment mieux que ce que nous buvions, étudiants, mes amis et moi, au début des années 1960, dans un sous-sol de la rue Maplewood devenue depuis la rue Édouard-Montpetit. Par exemple – un *classique* –, du Ben Afnam, d'Algérie, à 0,75 $ la bouteille, noir comme la nuit, concentré, compact, lourd. Bref, un vin à boire avec un steak d'hippopotame !)

Il l'ignore sans doute, mais c'est un de mes frères, Jean-Paul, de quatre ans mon cadet, qui m'amena, par une simple remarque, à *rallumer* véritablement mon intérêt pour le vin. Cela vers 1976 ou 1977.

C'était à table, chez moi, dans le quartier Notre-Dame-de-Grâce, où nous avions invité à souper mon frère et sa femme Charlotte.

J'eus le malheur, ou le bonheur, de servir entre autres une bouteille de Cuvée des Patriotes.

Jean-Paul, qui s'intéressait alors davantage au vin que moi – il fréquentait la Maison des vins, qui avait ouvert ses portes en 1975, sur l'avenue du Président-Kennedy –, goûta la *fameuse* cuvée, et déclara, le plus simplement du monde : « Il goûte le pétrole, ton vin ! »

Paf ! En pleine gueule.

Ce fut, puis-je dire, mon chemin de Damas.

À partir de ce moment, ou peu après, je me mis à diversifier mes achats, plutôt que de m'en tenir toujours aux mêmes vins, et, surtout, à prendre des notes en tâchant de décrire les vins que nous allions boire.

Déguster ? Je n'avais aucune idée de la façon dont il fallait s'y prendre. Mais… j'essayais.

Ainsi, je me souviens de ce que j'avais alors écrit, en guise de conclusion, à la description du Graves rouge 1975 Château Ferran (c'était avant la création de l'appellation Pessac-Léognan, à laquelle a droit aujourd'hui cette propriété) : « J'aime son goût, mais je suis incapable de le décrire. »

Et puis, comme bien des amateurs débutants, je décollais les étiquettes, que je joignais, dans le grand cahier acheté à cette fin, à mes modestes descriptions. Il fallait bien un commencement !

Qui s'en souvient ? Il y avait déjà, en ce temps-là, toujours au milieu des années 1970, à *La Presse*, un chroniqueur vin, André Arnoldi, un ancien journaliste sportif, que je lisais religieusement.

Jamais il ne recommandait de vins présents sur le marché, sa manière était plutôt de faire ce qu'on pourrait appeler de courtes monographies. Par exemple, sur une appellation telle que Saint-Émilion, qu'il décrivait (superficie plantée, nombre de domaines, meilleurs vins, etc.) et dont il retraçait l'histoire.

La Presse avait aussi un autre chroniqueur vin, mais débutant, si je puis dire, en la personne de l'éditorialiste Roger Champoux. Gastronome réputé, il tenait également en effet une chronique gastronomique, dans laquelle il faisait état des vins bus à l'occasion des somptueux repas du… *Club des 16* dont faisaient aussi partie Françoise Kayler, de *La Presse*, et Gérard Delage.

Mais ses commentaires étaient extrêmement succincts, et convenus, du genre « très bon Château Lafite à s'en pourlécher les babines », et rien de plus. À croire qu'en fait il ne connaissait que très peu le vin et s'en tirait avec quelques vagues formules d'appréciation.

Le Devoir avait, de même, son chroniqueur vin attitré, Pierre Petel, aussi réalisateur à la télévision et auquel on doit une demi-douzaine de livres sur le vin, dont *Choisir ses vins*, publié en 1972. (Mais, dans son cas, je ne garde aucun souvenir du genre de chroniques qu'il faisait, pas plus d'ailleurs que Michel Phaneuf, qui se passe de présentation, et Claude Langlois, ancien chroniqueur vin du *Journal de Montréal*, que j'ai interrogés à ce sujet.)

La roue tournait, je continuais à déguster tant bien que mal, puis *La Presse*, où j'avais le statut de journaliste aux informations générales, tomba en grève en 1977.

Retour au travail en 1978, et la direction élimina alors toute collaboration extérieure, c'en était fini de la chronique vin d'André Arnoldi.

Passons sur les détails, toujours est-il qu'en 1982, les choses s'étant replacées, le journal décida de recréer des chroniques (communications, gastronomie, vin, etc.) sous la forme de collaborations.

Mais, conformément à l'entente intervenue avec le syndicat des journalistes – le Syndicat des travailleurs de l'information de *La Presse*, selon son nom officiel –, le journal était tenu de les confier à des journalistes maison s'il y avait des candidatures à la fois en interne et de l'extérieur. D'éventuelles candidatures de l'extérieur seraient donc retenues uniquement en l'absence de candidatures en interne.

Que se passa-t-il dans le cas de la chronique vin ?

Michel Phaneuf venait de publier un peu plus tôt, sous la forme d'un petit livre, en collaboration avec le Collège Marie-Victorin, *La Connaissance des vins*, d'abord paru en feuilleton dans *La Presse* fin 1981. L'essentiel de ce qu'il est utile de savoir sur le vin y était.

Informé du projet du journal de recréer des chroniques, sans doute par son père qui travaillait alors au service de la publicité de *La Presse*, il posa sa candidature au poste de chroniqueur vin, comme je le fis moi-même.

C'est ainsi que je devins, à l'automne 1982, le chroniqueur vin attitré de *La Presse*.

La meilleure façon d'apprendre quelque chose, comme on sait, et comme le savent pertinemment les enseignants, est de se trouver dans l'obligation de l'enseigner aux autres.

Dès le départ (soyons franc), je me rendis compte que je ne savais pas grand-chose, malgré mon intérêt renouvelé pour le vin, malgré mes dégustations à peu près quotidiennes, malgré aussi mes lectures.

Autrement dit, j'en savais déjà assez pour réaliser que mes connaissances étaient encore bien réduites.

Il me fallait dès lors apprendre, creuser et cerner davantage le sujet, et c'est ainsi que je me mis à lire sur le vin, de sorte que, pendant les sept années qui suivirent, toutes – *toutes* – mes lectures portèrent uniquement sur le vin.

Grand lecteur de romans jusque-là, je leur tournai alors le dos…

En 1972-1973, j'avais acheté en France le *Guide du vin*, de Raymond Dumay, en livre de poche, qui fut le premier ouvrage sur le sujet dont je fis l'acquisition et que je lus alors. C'est une bonne introduction générale au monde du vin et, particulièrement, à la connaissance des vins français.

Autre ouvrage, capital celui-là, *Le Goût du vin*, d'Émile Peynaud, que j'achetai de Michel Phaneuf. Lequel, dans le cadre des activités du club *Les Amitiés bachiques*, qu'il avait créé plus tôt avec des amis, en avait des exemplaires à la disposition des membres.

Cela se passait en 1981, et j'étais allé l'interviewer chez lui, pour une série d'articles sur les connaisseurs en vins. (J'interviewai alors, en plus, Henry Wojcik, Gaëtan Pomerleau, qui était prêtre séculier, et enfin l'obstétricien Jean-Paul Pelletier, lequel avait aussi son agence de vins, Maurer, les trois hommes étant tous trois décédés depuis.)

Je me plongeai aussitôt dans *Le Goût du vin*, un ouvrage de grand format que j'ai lu, relu et *re-relu*, auquel d'ailleurs je retourne fréquemment au besoin, et qui est sans doute l'ouvrage le plus complet et le plus extraordinaire qui ait jamais été écrit sur la dégustation.

S'y ajouta peu après, aussi de feu Émile Peynaud, considéré unanimement comme le plus grand œnologue du 20ᵉ siècle, *Connaissance et travail du vin*, un ouvrage technique sur l'élaboration du vin, et qui est, de même, une source inépuisable de renseignements. (Interrogés il y a six ou sept ans sur sa pertinence et son utilité, pour qui entend élaborer du vin, les cousins Thienpont, des Pomerols Château Vieux-Certan et Le Pin, répondirent qu'il suffisait d'avoir ce livre à la main, d'en suivre par conséquent le mode d'emploi implicite, pour être en mesure d'élaborer des vins de qualité.)

J'ai lu, relu, pioché, de même, *Connaissance et travail du vin* à partir de 1983 et j'y remets le nez au besoin. Autrement dit, il y a là, dans ce livre, même pour le simple amateur, énormément à apprendre.

Fin des années 1970 (ou peut-être était-ce en 1980), je fis donc la connaissance d'Henry Wojcik, rencontré par hasard à la Maison des vins de l'avenue du Président-Kennedy et dont j'ignorais alors qui il était.

Wojcik venait de goûter, sur place, dans l'arrière-boutique de la superbe succursale, le Saint-Estèphe 1976 Château Cos d'Estournel, à... 16,75 $ la bouteille. Charmé par la grâce, la distinction et le velouté de ce vin, il avait décidé de se procurer toutes les bouteilles que possédait à ce moment-là en magasin la Maison des vins.

« Vous devriez en acheter quelques bouteilles », me dit-il soudainement alors que je me tenais devant le casier des Cos d'Estournel 1976 qu'un conseiller en vins – peut-être Denis Marsan, qui occupa par la suite des fonctions beaucoup plus importantes au siège social de la SAQ – était à vider pour lui.

L'inconnu, c'est-à-dire Henry Wojcik, était de toute évidence si sûr de son fait que, oui, j'en pris deux bouteilles avant que le casier, aux parois vitrées, soit vide. (Soit dit en passant, tous ces casiers furent plus tard rachetés par Champlain Charest, du Bistro à Champlain, pour la cave de son établissement, au moment du déménagement de la Maison des vins.)

Ce vin, Cos d'Estournel 1976, était, de mémoire, tendre, séduisant, d'une rare élégance, même si c'était un Saint-Estèphe, et malgré la réputation d'austérité qu'on fait à cette appellation. Wojcik ne s'était évidemment pas trompé.

Par la suite – mes souvenirs là-dessus ne sont pas trop précis –, je dus m'informer auprès du personnel de la Maison des vins afin de savoir qui il était et je me permis de le relancer à son restaurant, Le Fado, un jour où, en rédigeant ma chronique hebdomadaire, je me heurtai à une difficulté.

Je ne sais plus trop sur quel sujet j'avais besoin de ses lumières, peut-être sur le potentiel de garde des vins et donc le moment idéal où les déboucher selon les appellations. Ou encore sur les températures idéales de service.

Généreux, sans prétention et en même temps grand connaisseur, sûr de lui, il me tira ainsi d'affaire à quelques reprises et devint de la sorte mon mentor.

Et nous devînmes amis, malgré la différence d'âge, au moins une quinzaine d'années. Nous nous appelions par nos prénoms, tout en nous nous vouvoyant – jamais je n'aurais osé le tutoyer.

Il goûtait des vins, je goûtais les mêmes, puis il me demandait ce que j'en pensais et, au besoin, me corrigeait.

Il estimait… aussi bien le dire sans fausse modestie, que je ne dégustais pas trop mal. «Fiez-vous à votre goût», me disait-il.

À quelques reprises, il nous invita à manger chez lui, à son appartement, situé à l'étage supérieur du Fado, ma femme et moi.

Grand amateur avant tout de vins français, notamment de bordeaux et de bourgognes, il allait tous les étés en France, dans les vignobles, entre autres chez Ramonet – le célèbre producteur de Chassagne-Montrachet –, qui était de ses amis.

En outre, chose qu'il affirmait, et on le croyait d'emblée, il savait très exactement quels vins – il en avait des milliers – figuraient dans la cave de son restaurant, et où chacun, précisément, se trouvait. (J'y ai mis les pieds, en sa compagnie, et il me montrait de ses bouteilles, notamment des bourgognes rouges de grands millésimes tels que 1969 qu'avait embouteillés la maison de négoce Barton & Guestier, du temps que beaucoup de vignerons bourguignons vendaient aux négociants plutôt que d'embouteiller eux-mêmes.)

Sur les conseils de Wojcik, j'achetai aussi *Le Livre d'or du vin*, de l'Américain Frank Schoonmaker, en format de poche, chez Marabout, et que j'ai encore dans ma bibliothèque.

Car ce connaisseur et importateur de vins fut, pour Henry Wojcik, ce qu'il fut lui-même pour moi. C'est-à-dire son mentor.

Il avait fait sa connaissance par hasard, chez un marchand de vin de New York, sans savoir qui était Schoonmaker, en nouant la conversation, candidement, avec lui.

Schoonmaker, qui fut le premier importateur américain à recommander aux Bourguignons d'embouteiller eux-mêmes leurs vins – de « faire de la bouteille », comme on dit en France, plutôt que de vendre leurs vins aux négociants –, l'invita donc, après cette conversation, à venir l'après-midi même goûter avec lui je ne sais quels vins.

Wojcik se rendit à la dégustation, et, disait-il, ils devinrent par la suite amis, « dans la mesure où la différence d'âge le permettait ».

Chose qui le médusait et qu'il admirait : Schoonmaker était capable de goûter à l'aveugle tous les champagnes non millésimés de grandes marques – Bollinger, Charles Heidsieck, Laurent Perrier, Moët & Chandon, Mumm, Pol Roger, Pommery, Taittinger, etc. – et de tous les identifier.

Ces souvenirs, et cet hommage, ne seraient pas complets si je ne rappelais pas quelles furent les autres passions d'Henry Wojcik.

En matière de bordeaux, son vin fétiche était le Pauillac premier grand cru classé Château Latour ; côté chant, car il adorait la musique, c'était Caruso, dont il possédait tous les 78 tours et que RCA Victor chercha longtemps à lui racheter, mais en vain (il lui arriva de nous en faire écouter, chez lui); et, enfin, pour ce qui est de la peinture et de la sculpture, nul n'arrivait, à son avis, à la cheville de Michel-Ange.

On l'aura remarqué, il y a une proche parenté entre Latour, Caruso et Michel-Ange, c'est-à-dire, en deux mots, puissance et grandeur.

Henry Wojcik racontait ainsi que la voix de Caruso était à ce point puissante qu'il pouvait chanter, sans micro, sans donc l'appui de sonorisation, dans de très grandes salles, et se faire entendre, néanmoins, de tous les assistants, même des plus éloignés de la scène.

Une réflexion de lui que j'ai plusieurs fois rappelée dans mes chroniques, et que je trouve très juste : « La beauté du vin, c'est qu'il défie tous les experts », aimait-il à souligner.

Je me souviens d'avoir ainsi fait goûter, à l'aveugle, il n'y a pas si longtemps, un bourgogne 1998, le Chorey-lès-Beaune Château de Chorey, à deux chroniqueurs vin très bons dégustateurs, qui ont tous deux déclaré, du moins dès l'abord, qu'il s'agissait d'un bordeaux, sans doute à cause des tannins encore bien présents de ce vin. Ridicule ?

Placé dans la même situation, sans doute aurais-je pu faire la même erreur.

« Maintenant, je reconnais le Pinot », me dit finalement l'un d'eux après avoir pris conscience de son erreur.

Autre exemple, il y a quelques jours de cela au moment où j'écris ces lignes, la métamorphose d'un jeune bordeaux rouge, à savoir le Moulis en Médoc 2009 Château Duplessis. Métamorphose qui a de quoi tromper le meilleur dégustateur.

Tendre, souple, aimable il y a environ deux ans et tout aussi séduisant il y a six mois, il est maintenant plus coloré, compact, avec des tannins qui se sont raffermis, méconnaissable donc, et capable désormais de tenir la route 10 ans et plus. Ce n'est plus le même vin. Incroyable !

D'autres exemples ?

Qui pourrait croire qu'un modeste vin rouge chilien tel que le Colchagua 1990 Cabernet Sauvignon Los Vascos, payé 11,74 $ il y a des lunes, aurait tenu la route jusqu'au début de 2017 ?

En débouchant ce vin âgé de plus de 27 ans, je m'attendais, bien évidemment, à ce qu'il ait rendu l'âme, à ce qu'il soit tombé dans ses bottes comme on dit encore parfois.

D'une couleur rouge du genre jeune bourgogne, peu évolué, souple, tout au plus de corps moyen, il demeurait en réalité tout à fait buvable – et c'est ce que nous avons fait !

Même chose pour ce qui est du Ribera del Duero 1987 Crianza Cosecha Especial Tinto Pesquera, débouché il y a deux jours (au moment où j'écris ces lignes), épicé sans que ce soit excessif – il a été manifestement élevé dans du chêne américain –, lui aussi velouté, et que nous avons bu également.

Surprise encore plus grande : l'Hermitage (rouge) 1992 Monier de la Sizeranne Chapoutier, un échantillon reçu il y a très longtemps et que j'avais oublié dans un coin de mon cellier…

D'un très petit millésime, il a, ô surprise ! parfaitement tenu, le bouquet, fin, de bonne ampleur, se présentant avec ces notes d'olives noires caractéristiques. Encore assez tannique, sa texture est serrée, le fruit, aux arômes de fruits rouges, n'a pas une ride… de quoi penser qu'il peut tenir encore quatre ou cinq ans. Preuve additionnelle que les meilleurs vins de Syrah de la vallée du Rhône ont un grand potentiel de garde.

Bref, tout cela a de quoi tromper les meilleurs experts !

2

QUE DE CHEMIN PARCOURU !

Oui, il n'est pas faux de dire que le vin est, d'une certaine manière, une *drogue*… mais une *drogue douce*.

Je veux dire par là que le vin a la faculté, le pouvoir de s'emparer de votre esprit et de votre conscience, au point qu'on peut en arriver à ne penser qu'à ça ! C'est, aussi bien l'avouer, ce qui m'est arrivé et cela dura, je dirais, au moins trois ou quatre ans.

Je pensais à longueur de journée à des vins que je venais de goûter, à ceux que je comptais déguster sous peu, à mes achats récents de vins, aux achats que je me proposais de faire dans un proche avenir, à des articles sur le vin que j'avais lus (j'étais alors abonné à trois magazines, soit *Decanter*, *La Revue du vin de France* et le *Wine Spectator*), à des conversations que j'avais tenues avec d'autres amateurs, je sombrais dans le sommeil en pensant au vin, je me réveillais avec le vin en tête, etc.

Bref, le vin occupait la presque totalité de mes pensées, comme ce fut et comme c'est sans doute encore le cas pour bien des amateurs. D'où l'expression *drogue douce*, bien que le vin ne soit assurément pas une drogue.

Puis (heureusement), cela me passa, et le vin, tout en demeurant pour moi une passion – un dada, comme j'aime à le dire – prend désormais dans ma vie une place plus raisonnable.

Cependant, le vin reste pour moi, malgré le temps qui passe, une source permanente d'émerveillement. Car, parfois, le vin est si beau, si complexe, qu'il lui arrive de nous tirer les larmes, chose qu'on ose rarement avouer.

Ainsi – mais c'est au fond la même chose –, je me souviens d'avoir lu je ne sais trop quel compte rendu d'un ballet dans lequel brillait Anik Bissonnette, des Grands Ballets Canadiens. Compte rendu dans lequel le critique, dont j'ai oublié le nom, avouait avoir pleuré devant la grâce, la perfection, le mouvement fluide, irrésistible, enchanteur de la danseuse.

Le vin, oui, a le pouvoir de vous faire oublier tout le reste comme l'illustre ce qui suit (vous allez sourire) et que je tiens de la bouche du principal intéressé, qui est le chroniqueur vin et auteur torontois Tony Aspler.

La scène se passe au Chili, dans une cabane servant de remise aux vignerons où ils rangent leurs outils, au milieu d'un vignoble appartenant aux Torres, d'Espagne.

Tony Aspler s'y trouve avec Miguel Torres, le grand patron, et ils y dégustent des vins, en causant, lorsque… la terre se met à trembler et que la cabane en fait tout autant, que de la poussière et des gravats tombent du toit, tout est secoué!

Réaction de Tony: il ne fait ni une ni deux et s'empresse aussitôt de couvrir son verre de la main pour éviter que son vin soit souillé!

« I was crazy » (J'étais cinglé), disait-il en riant, en racontant la chose.

Des parents, que je ne connais pas, se plaignaient à une amie commune que leur fils d'une vingtaine d'années, Joris, n'en avait que pour le vin, si bien qu'ils désespéraient de réussir à le convaincre de faire des études sérieuses.

L'amie commune, qui est une voisine à la campagne (là où ma femme et moi avons une petite maison, dans les Cantons de l'Est), me consulta pour savoir ce que j'en pensais.

Je lui expliquai, à l'intention du couple, ce que je viens de raconter, à savoir que le vin a le pouvoir de passionner, de vous faire oublier tout le reste, et qu'il valait mieux laisser Joris vivre sa passion plutôt que de le contrarier. Bref, que tenter de le forcer à renoncer au vin ne ferait que l'*accrocher* encore davantage.

Cela se passait il y a environ trois ans, puis, un an plus tard, j'ai croisé Joris dans une dégustation. Il était comme un poisson dans l'eau…

DES CHANGEMENTS CONSIDÉRABLES

Les changements intervenus au Québec pour ce qui est du vin au cours des dernières décennies, à partir du début des années 1980, disons, depuis près d'une quarantaine d'années par conséquent, sont considérables.

Qu'il s'agisse de l'offre, de la consommation et des types de vins bus, des prix, du niveau moyen des connaissances, autant des consommateurs, des amateurs que du personnel de la SAQ – notamment du personnel des succursales –, rien n'est plus pareil. On se retrouve aujourd'hui dans un tout autre monde.

Mais remontons dans le temps encore plus loin, soit… au début des années 1970, histoire de bien mesurer le chemin parcouru depuis ce temps.

Par la pensée, je me transporte au printemps 1971, au moment où ma femme et moi revenons d'un séjour d'une semaine sous le soleil de la Guadeloupe.

Pour remercier mon frère aîné, Robert, et sa femme, Suzanne, qui ont gardé pendant ce temps notre fille Élisabeth – alors âgée d'un an et demi –, nous décidons de leur faire cadeau d'une caisse de 12 bouteilles de vin.

C'était encore l'époque des succursales-confessionnaux (si je puis dire), alors que les bouteilles restaient invisibles et que les commis, lesquels n'y connaissaient rien pour la plupart, debout derrière leur comptoir, vous les remettaient, l'air ennuyé, de main à main.

Et donc, seulement un an après l'apparition, à Sherbrooke, du premier libre-service (en 1970) de l'histoire de la SAQ !

J'achetai les 12 bouteilles à la succursale-confessionnal de la rue Laurier Ouest, à deux pas de l'appartement, sur le boulevard Mont-Royal, que nous louions en ce temps-là.

Or, je me souviens très bien ne pas avoir payé plus de 10 $ la bouteille. Parmi ces 12 vins, au moins un m'est resté en mémoire : un Beaune Clos des Mouches blanc Joseph Drouhin, peut-être un 1969, selon un très ancien répertoire de la SAQ datant du début des années 1970. Payé alors 6,40 $.

Le même vin, du millésime 2014, coûte aujourd'hui 168 $...

J'achetai aussi au moins un cru classé du Médoc, peut-être s'agissait-il du Saint-Julien Château Gruaud-Larose, dont la SAQ tenait alors les millésimes 1965 et 1968 (petits millésimes), à 5,40 $.

Rêvons !

À cette époque pas si lointaine, cinq premiers grands crus classés du Bordelais – Haut-Brion, Lafite Rothschild, Latour, Margaux et Mouton-Rothschild – étaient vendus dans l'ensemble des succursales du monopole.

Vous avez bien lu : *cinq !*

Le moins cher était le Pessac-Léognan Château Haut-Brion 1968 (très petit millésime, mais il s'agit d'un premier grand cru classé dont le prix dépasse aujourd'hui les 1 000 $ la bouteille) à… 8,05 $.

Le Pauillac Château Lafite Rothschild 1968 pouvait se targuer, lui, d'être le plus cher des cinq, puisqu'il commandait un prix de 13,70 $.

Entre ces deux extrêmes se trouvaient Château Latour 1968 (9,75 $), Château Margaux 1968 (8,90 $) et Mouton-Rothschild 1965 (autre petit millésime), à 12,40 $ la bouteille.

Tournons la page du répertoire pour une incursion du côté de la Bourgogne.

Mêmes prix qui font rêver, même si l'offre, comme d'ailleurs dans le cas du Bordelais, était très inférieure à ce qu'elle est à l'heure actuelle.

Deux exemples : Beaune Clos des Mouches rouge Drouhin, dont la SAQ avait deux millésimes, soit 1969, très grand, et 1970, très bon, qui était à 6,70 $ la bouteille.

Le grand cru Clos de la Roche Drouhin, offert encore là dans deux millésimes – 1967, moyen, et 1970 –, coûtait un peu plus cher, soit 7,30 $.

Enfin, le Vosne-Romanée Leroy (le millésime n'est pas indiqué) était alors à 6,60 $, contre… 622 $ la bouteille dans le cas du moins cher des deux Vosne-Romanée Domaine Leroy qu'a commercialisés la SAQ dans un passé récent. Du délire.

L'OFFRE

À l'heure actuelle, on trouve en permanence, à la SAQ, quelque 8 400 à 8 500 vins différents de multiples pays, ou, très précisément 8 403 en novembre 2017. (En inscrivant le mot « vins » dans la fenêtre de droite, au haut de la page d'accueil du site de la SAQ, on obtient le chiffre de 9 955, ce qui tient compte des différents formats dans lesquels peut être offert un même vin.)

La situation était bien différente au début des années 1970, et même une décennie plus tard, selon les deux anciens répertoires que je conserve religieusement. Celui du début des années 1970 dont il vient d'être question, non daté et présenté uniquement comme le répertoire « numéro 80 », le second portant la mention « hiver 1983 ».

Quelle était la situation et en quoi a-t-elle changé sur le plan de l'offre ?

Sans engloutir le lecteur sous une avalanche de chiffres, on peut se contenter de signaler qu'en 1971-1972, la SAQ ne tenait pas un seul vin de table de Californie. Pas un seul!

Dix ans plus tard (en 1983), ils étaient une dizaine à figurer sur les tablettes.

Tapez aujourd'hui «vins de Californie» sur la page d'accueil du site de la SAQ, et leur nombre apparaît: 635...

Autre cas qui permet de se faire une idée du chemin parcouru, à la fois par la SAQ et le consommateur, car c'est bien sûr la demande qui appelle et conditionne l'offre: début des années 1970, on ne trouvait dans les succursales que quatre Châteauneufs-du-Pape, dont la fameuse Fiole du Pape, contre sept en 1983.

Le progrès a été, depuis, considérable, puisqu'il suffit encore une fois d'inscrire «Châteauneuf-du-Pape» dans la fenêtre en haut à droite de la page d'accueil du site de la SAQ pour que le chiffre de 102 apparaisse!

Bref, 4, 7 et puis 102 aujourd'hui. On voit donc quels pas de géant ont été franchis!

Grosso modo, et pour en finir sur ce chapitre, on peut dire que seuls deux vignobles – le Bordelais et la Bourgogne – étaient à peu près correctement représentés au début des années 1970.

C'était mieux encore dans la décennie suivante, toujours en ce qui regarde le Bordelais et la Bourgogne, l'offre s'étant en effet étoffée, tandis que tous les autres vignobles – même au début des années 1980 –, y compris ceux d'Italie, faisaient figure de parents pauvres.

Chose qu'on peut avoir peine à croire, à l'hiver 1983, le monopole n'avait qu'un seul vin rouge d'Argentine à offrir, deux d'Australie, trois du Chili… et aucun de Nouvelle-Zélande.

Autrement dit, l'élargissement de la gamme a profité avant tout aux pays dits du Nouveau Monde, mais ceux de l'Ancien Monde sont, également, beaucoup mieux servis présentement qu'ils ne l'étaient.

J'oubliais… Le Pomerol 1980 Château Pétrus coûtait, à l'hiver 1983, 42,45 $, comparativement à… 3 050 $ en ce moment pour le millésime le moins cher (2017) de ce vin présentement sur le marché.

Autre phénomène qui montre à quelles (innocentes) manigances peuvent se livrer des amateurs pour satisfaire leur passion : un certain nombre de ceux-ci prennent l'habitude de dissimuler à leur conjointe, ou à leur conjoint, leurs nombreux achats de vins, par crainte qu'on leur en fasse le reproche.

L'un d'entre eux, passablement fortuné, et qui est du milieu de la finance, m'a déjà raconté qu'il ramenait ses bouteilles au sous-sol et à son cellier en passant non pas par la porte principale de la maison, mais par celle de côté donnant directement sur l'escalier menant, justement, au sous-sol.

Seul problème, disait-il, sa femme avait maintenant un petit chien, lequel, dès qu'il ouvrait la fameuse porte, détectait aussitôt sa présence et se mettait à japper!

LES DEUX FILLES ET L'ALSACE...

La scène, bien réelle, se passe au milieu des années 1980 à la succursale de la rue Laurier Ouest où régnaient alors son directeur Jacques Lessard et Daniel Dumais, son conseiller vedette.

Tous les samedis, ou presque, je m'y amenais, pour parler vin, aussi pour déguster, souvent à l'aveugle, installé avec les autres autour d'une table branlante, à l'étage supérieur, là où s'entassaient, pêle-mêle, d'innombrables caisses pleines de bouteilles.

Lessard et Dumais étaient bien sûr de la partie, et souvent un autre mordu s'ajoutait – Charles Goyer, bien connu dans le milieu, et qui compte depuis sa fondation parmi les actionnaires de l'agence La Céleste Levure.

La scène en question, cette fois dans la succursale elle-même et qui avait de quoi laisser pantois : devant le haut présentoir en bois qui ne renfermait que des vins d'Alsace (j'étais un peu plus loin, à regarder je ne sais quels vins), deux jeunes femmes, âgées au plus de 29-30 ans, commentaient les blancs en question.

À les entendre, elles en avaient goûté je ne sais combien, et, autant que je pouvais en juger, leurs commentaires étaient justes, précis. Je n'en revenais pas.

Pareille chose aurait été de toute évidence impensable, disons, 10 ou 15 ans plus tôt.

On peut dire, en deux mots, que le niveau moyen des connaissances sur le vin a beaucoup progressé au Québec depuis, je dirais, le début des années 1980.

De nombreux facteurs y ont contribué. Lesquels?

Il est bien évident que c'est l'intérêt que suscite le vin qui a alimenté et propulsé, pour ainsi dire, l'ensemble des réformes auxquelles on a assisté depuis trois ou quatre décennies.

Création des succursales libre-service; possibilité de paiement par carte de crédit ou de débit (chose inimaginable au début des années 1980, car la SAQ aurait été alors accusée de favoriser la consommation d'alcool); élargissement spectaculaire de la gamme de vins offerts; création par la SAQ de la fonction de conseiller en vin au milieu des années 1970 et formation en conséquence par la SAQ; multiplication des cours sur le vin et des dégustations; multiplication également des agences représentant les fournisseurs, au nombre, à l'heure actuelle, d'au moins 200, etc.: c'est à tout cela, donc, qu'on a assisté au cours des dernières décennies.

Résultat notable, on trouve dans toutes les succursales (ou presque) au moins un membre du personnel, par exemple un conseiller en vin, qui s'y connaît et apte à conseiller la clientèle. (Ces conseillers, qui sont formés par la SAQ et mieux payés que les autres employés de succursale sont à l'heure actuelle au nombre de 159.)

Ce qui n'était pas du tout le cas à l'époque de ce que j'ai appelé les succursales-confessionnaux.

Et, signe des temps et signe que la clientèle a confiance dans les services offerts par le monopole, celle-ci, du moins une large partie, a pris l'habitude de consulter le personnel de la SAQ.

Question ultime : qu'est-ce qui a suscité cet intérêt soutenu pour le vin ? Quels phénomènes, quels événements ?

Les facteurs sont évidemment multiples...

Par le passé, et cela a de toute évidence joué, on a souvent fait remarquer que la tenue d'Expo 67, en offrant aux Québécois une large vitrine sur de nombreux pays, leur culture, leur cuisine et le reste, avait grandement contribué à éveiller notre curiosité. Pour tout : les voyages et donc les autres pays, leurs mœurs, etc.

Autrement dit, notre vie de provinciaux prenait tout à coup, grâce à ce grand événement, une dimension jusque-là insoupçonnée, nous avions soudain, sous les yeux, en quelque sorte, le monde entier.

Pour ma part, je me souviens ainsi d'un repas pris au pavillon de Cuba en compagnie de ma femme et de ma mère, Yvette Deneault, où nous avions mangé, tous les trois, pour la première fois de notre vie, des cuisses de grenouille! Un exploit dans le cas de ma mère, qui répugnait à manger ne serait-ce que du lapin!

Cette curiosité inattendue a de toute évidence profité également au vin.

LES NOUVEAUX VOYAGEURS

Enfant, alors que j'avais six ou sept ans, le seul fait d'apprendre que quelqu'un était allé à Paris me faisait le regarder comme un être d'exception.

Car à cette époque, dans les années 1940, également dans les décennies qui suivirent, jusque vers 1970 environ, très rares étaient les Québécois qui franchissaient l'Atlantique. (Décédé en 1957, à 50 ans, mon père, Jean-Marie, n'a ainsi jamais mis les pieds en Europe.)

Ceux qui traversaient l'océan, dans les années 1960, y allaient très souvent, en fait, par bateau – par transatlantique –, comme ce fut le cas pour des amis du temps de l'université, dont Jean Pierre Lefebvre, futur cinéaste, qui partirent ensemble pour la France par paquebot, au début des années 1960.

On est loin du vin, direz-vous, mais, à mon avis, beaucoup moins qu'il n'y paraît…

À partir des années 1970, l'avion, notamment le Boeing 747, un géant capable de franchir l'Atlantique sans escale (contrairement à ce qui se passait dans le cas du Super Constellation, qui se posait deux fois pour faire le plein au cours de sa traversée vers l'Europe, soit à Gander à Terre-Neuve, et à Shannon en Irlande), avec plusieurs centaines de passagers à son bord, prit le relais des transatlantiques.

Résultat, de plus en plus de Québécois faisaient désormais le grand saut, et atterrissaient qui en France, qui en Italie, qui en Espagne, etc.

Nous en sommes ma femme et moi de bons exemples, puisqu'à l'automne 1972 nous partîmes avec armes et bagages, et nos deux jeunes enfants, en Boeing 747 (on disposait en ce temps-là de beaucoup plus d'espace qu'aujourd'hui dans ces avions, les deux enfants ayant alors dormi à nos pieds pendant tout le vol), pour la France, où, comme je l'ai écrit, nous passâmes quelques mois.

Et c'est là, donc, que naquit mon intérêt pour le vin. Intérêt qui n'était au départ qu'un germe, mais qui allait, peu à peu, au gré des événements et avec le temps, se transformer en véritable passion.

La Révolution dite tranquille a aussi poussé à la roue. En ce sens qu'elle remettait bien des choses en question, pour le mieux, ce qui ne pouvait qu'aviver, comme avait fait d'Expo 67, notre curiosité pour tout ce que nous ne connaissions pas, ou peu, jusque-là.

Cette émancipation – c'en était une, il n'y a pas de doute –, menée sous la gouverne de cette grande formation politique qu'était alors le Parti libéral, s'accompagna, à l'évidence, d'un accroissement de la richesse collective.

Ma génération, née au commencement des années 1940, puis celle du baby-boom (1945 à 1966) ont ainsi vécu, et vivent toujours, beaucoup mieux que ce fut le cas pour nos parents.

Curiosité, voyages, revenus en hausse par rapport à ceux des générations précédentes, remue-ménage politique : c'est ce cocktail qui a été en bonne partie à l'origine de l'intérêt, toujours vivace, pour cette merveilleuse boisson qu'est le vin.

Pour situer les choses dans le temps, je dirais, sans trop de risques de me tromper, mais au risque de me répéter, que c'est à partir du début des années 1980 que l'intérêt pour le vin, pour toutes les raisons que je viens d'évoquer, s'est vraiment éveillé.

3

LES EXPERTS
D'ICI

Au moment où je chaussai mes bottes de chroniqueur vin, à l'automne 1982, le Québec ne comptait qu'un seul chroniqueur vin, à savoir Gillian Gayton, de *The Gazette*.

Un an plus tôt, c'est-à-dire en 1981, Michel Phaneuf avait publié *Le Guide du vin*, qui, pour cette première édition, n'était pas (si je puis dire) millésimé, alors que toutes les éditions qui ont suivi le sont.

Heureuse époque, où – j'ai conservé précieusement ce premier guide – le Sassicaia 1977 ne coûtait que 10,90 $ comme l'indiquait l'auteur, lequel incitait le lecteur à mettre la main sur quelques bouteilles !

Déjà Michel Phaneuf, qui a énormément fait pour la démocratisation du vin et le développement des connaissances sur le vin – grâce à son guide, mais aussi à ses chroniques dans le magazine *L'actualité*, sans oublier les dégustations que tenait le groupe *Les Amitiés bachiques* –, s'imposait comme *la* référence en la matière.

Depuis, il a passé la main, peut-on ajouter, puisque depuis une demi-douzaine d'années, c'est Nadia Fournier qui a pris le relais avec brio.

Bref, Michel Phaneuf, Gillian Gayton, aussi des chroniqueurs comme Jean Aubry, du *Devoir*, Claude Langlois, pendant 30 ans chroniqueur vin au *Journal de Montréal*, François Chartier, qui a écrit sur le vin dans *La Presse* pendant une dizaine d'années, et moi-même avons de toute évidence joué un rôle certain dans ce qu'on pourrait appeler la promotion et l'avancement du vin.

Plusieurs magazines – j'y reviens en détail plus loin –, tels que *La Barrique* et *Vins et Vignes*, tous deux disparus, puis *Vins et Vignobles* et *Cellier*, y ont été et y sont encore pour quelque chose.

Nés à la faveur de l'intérêt croissant suscité par le vin, ils ont contribué et contribuent toujours, pour les deux derniers, à l'alimenter.

Ajoutez à cela les blogues sur le vin qui fleurissent à l'heure actuelle – notamment *Vin Québec*, de Marc-André Gagnon, *Tout sur le vin*, de Frédéric Arnould (sans oublier *Le Sommelier fou*, du regretté David Pelletier, mort subitement dans les vignes de Californie à l'automne 2016), *Les Méchants Raisins*, des chroniqueurs

Patrick Désy et Mathieu Turbide, du *Journal de Montréal*, et, depuis 2017, de la sommelière Élyse Lambert en remplacement de Claude Langlois, *Chacun son Vin*, qu'animent Marc Chapleau, Nadia Fournier et Bill Zacharkiw, de *The Gazette*, mais également Rémy Charest, qui est de Québec et qu'on voit peu souvent à Montréal.

Phénomène qui est un bon instrument de mesure de la place accrue qu'a prise le vin au Québec, et donc dans la vie des consommateurs : les dégustations mises sur pied à l'intention de la presse spécialisée ont littéralement explosé. Dégustations tenues, bien sûr, avec comme objectif que les chroniqueurs (et aujourd'hui également les blogueurs) transmettent le message aux consommateurs.

Ainsi, en 1982, au moment de mes premiers pas dans le domaine, s'il y avait 5 à 10 dégustations organisées par année, c'était, pour ainsi dire, inattendu et quasi miraculeux !

Par exemple, nous avions alors droit, tous les ans, à une dégustation de vins allemands, à laquelle conviait je ne sais quel diplomate (attaché commercial ?) de l'ambassade d'Allemagne, d'Ottawa, qui s'amenait à Montréal avec ses bouteilles pour la circonstance.

J'ai eu le bonheur d'aller plus tard deux fois en Allemagne goûter les vins de ce pays, mais la véritable introduction à la connaissance de ces vins si particuliers, je la dois à ce diplomate.

Mais, désormais, il n'est pas rare qu'il y ait… carambolage entre les agences et la SAQ. Autrement dit, qu'il y ait deux, trois, quand ce n'est pas parfois quatre dégustations le même jour, et que l'une ou l'autre soit remise ou annulée de ce fait!

Car la SAQ, du moins jusqu'à un passé assez récent, en fait jusqu'à la fin de 2016, tenait chaque mois une ou deux dégustations (nouveaux arrivages que promeut sa revue *Cellier*, et même chose pour ses opérations menées par l'entremise du *Courrier vinicole*), tout en ayant, depuis, beaucoup réduit leur nombre pour diverses raisons. S'y ajoutent encore aujourd'hui les multiples dégustations des agences et de leurs fournisseurs, mais aussi celles de leur association, l'Association québécoise des agences de vins, bières et spiritueux – l'AQAVBS, dit-on couramment.

Jean Aubry organise également des dégustations pour les lecteurs du *Devoir*, même chose en ce qui regarde le club montréalais *Les Conseillers du vin*, de Nick Hamilton, etc.

Il n'y avait au début des années 1980 qu'un seul guide sur le vin d'un auteur québécois, à savoir celui de Michel Phaneuf.

Or, depuis, leur nombre est passé à… huit (cela, sans tenir compte des guides d'auteurs étrangers, notamment français), cette augmentation marquée étant une preuve de plus de l'intérêt soutenu que suscite le vin, lequel, chose importante, se maintient.

Autre fait à signaler : le métier de sommelier attire de plus en plus de gens, au moins quatre institutions offrant des formations en sommellerie – l'Institut de tourisme et d'hôtellerie du Québec, l'École hôtelière de Laval, l'École hôtelière des Laurentides et l'École des métiers de la restauration et du tourisme de Montréal.

Autrement dit, il y a à l'heure actuelle une véritable culture du vin au Québec, même si, comme l'a montré un relevé effectué par Karyne Duplessis Piché il n'y a pas si longtemps pour le compte de *La Presse*, 9 des 10 vins les plus vendus renferment du sucre résiduel. Bref, les chroniqueurs vin, les conseillers en vin de la SAQ et la SAQ elle-même ont encore, malgré tout, du pain sur la planche ! Car, bien sûr, servir un vin rouge sucré du genre Revolution Red, Ménage à Trois ou Apothic Red, tous trois de Californie, sur une viande rouge est tout le contraire d'un signe de bon goût, c'est le moins qu'on puisse dire.

N'empêche, on peut affirmer, sans fausse modestie, que le niveau moyen des connaissances sur le vin est aujourd'hui, au Québec, plus élevé que dans des pays producteurs tels que la France, l'Italie, l'Espagne, etc.

Car dans ces pays, comme on sait, la vigne est à ce point présente, partout, et depuis si longtemps, que leurs habitants n'y prêtent pour ainsi dire pas attention.

Et, bien souvent, ces derniers ne boivent que des vins de leur propre pays, quand ce n'est pas de leur seule région, tout en faisant bien peu de cas du vin en lui-même, lequel est présent sur leurs tables depuis toujours.

Producteur de très petite taille, et ce, depuis peu, le Québec se retrouve plus ou moins dans la même situation que des pays comme l'Angleterre et la Belgique.

Le vin possède en effet pour nous, comme pour les Anglais et les Belges, une aura, un attrait extraordinaires faisant – comme le montre à l'évidence la gamme de vins offerts par la SAQ – que les amateurs d'ici se plaisent à goûter et à découvrir des vins de partout.

Les achats de vin, et donc la consommation qu'ils supposent, comptent évidemment parmi les phénomènes les plus significatifs.

Calculés en litres, par année et par habitant de plus de 15 ans, ces achats ont progressé de façon spectaculaire au Québec depuis quelques décennies, selon Statistique Canada (voir le tableau ci-contre).

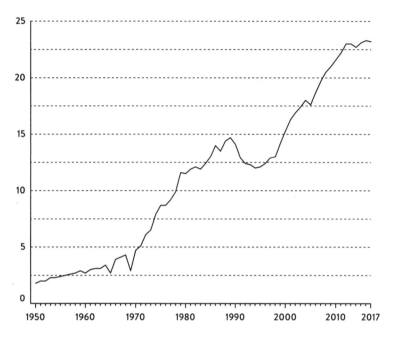

LA CONSOMMATION DE VIN DES QUÉBÉCOIS

Les achats de vin au Québec (indicateurs fiables de la consommation), en litres et par habitant de plus de 15 ans, selon la dernière mise à jour de Statistique Canada, en 2014. Les données de 2017 sont un calcul préliminaire de la SAQ. Le résultat officiel sera publié en avril 2018 par Statistique Canada.

Pour ainsi dire inexistants en 1950 (1,8 litre), ils atteignaient 11,5 litres en 1980, puis 14 litres en 1986, soit il y a 30 ans, et enfin, selon les plus récentes données, 23,3 litres en 2016.

Toutefois, selon des projections de la SAQ portant sur 2017, les achats de vins devraient s'être stabilisés à un peu plus de 23 litres en 2017.

MAGAZINES ET AUTEURS

L'intérêt soutenu pour le vin a entraîné aussi l'apparition de revues sur le sujet, le plus ancien de ces magazines ayant été *La Barrique*, que fonda Claire Plante-Lambin, en 1972 – selon les souvenirs de Nicole Barrette-Ryan, qui lui succéda comme directrice début 1986.

Personnage truculent, haut en couleur et qui n'avait pas la langue dans sa poche, Claire Plante-Lambin fut une pionnière.

Avant tout le monde, son travail l'amena à sillonner de nombreux vignobles – je l'entends encore raconter, de sa voix métallique et sur ce ton à la fois gouailleur et un brin sarcastique qu'elle affectionnait, qu'elle avait fait jusque-là « 27 » voyages dans les vignes. « Vingt-sept, mon ti-gars ! T'entends ça ? » qu'elle disait.

Début 1986, Claire Plante-Lambin vendit son magazine à John Sambrook, grand patron à cette époque de la société montréalaise Opimian (achats groupés de vins, dégustations, voyages vin, etc.), et c'est alors, à cette date, que Nicole Barrette-Ryan, toujours active à l'heure actuelle, en devint la rédactrice en chef. Elle occupa ce poste jusqu'en février 1999.

Après quoi et… après avoir longuement cogité sur le nom à lui donner, elle fonda *Vins et Vignobles*, dont le premier numéro parut en septembre 1999.

Le magazine, qui a plusieurs collaborateurs de renom (Jean Aubry, Nick Hamilton, Jacques Orhon, Pascal Patron, Janine Saine, etc.), paraissait précédemment à une fréquence de six numéros par an, mais il est devenu trimestriel en 2017 – soit donc quatre numéros par an désormais.

À l'heure actuelle, *Vins et Vignobles* a à son actif – ce qui est tout à fait remarquable – 109 numéros publiés depuis sa fondation.

Copropriétaire du magazine, Nicole Barette-Ryan a un associé, Ronald Lapierre, lequel est toutefois à peu près inconnu dans le petit monde montréalais et québécois du vin.

Autre magazine sur le vin, mais maintenant disparu, *Vins et Vignes* fut fondé à l'automne 1985 par Pierre Séguin, dentiste, mais également amateur passionné.

Huit numéros parurent au cours des deux années qui suivirent, jusqu'à ce que son propriétaire le vende, avec la maison d'édition qui en assurait la publication, à deux repreneurs, Michel Paradis et Jean Neveu, ce dernier du groupe Québecor.

La vente eut lieu, signale Séguin dans son courriel, fin novembre 1987, ce qui veut donc dire que la première mouture du magazine eut une existence éphémère.

Néanmoins, il occupa, pour les nouveaux propriétaires, le poste de rédacteur en chef de la revue pour les six numéros qui parurent au cours de l'année qui suivit.

Puis… le magazine modifia sa formule et voulut ajouter la cuisine à ses champs d'intérêt – espérant entre autres voir grossir ses revenus publicitaires.

Fin 1988, Séguin et Noël Masseau – très bon dégustateur et avantageusement connu dans le milieu à cette époque, et qui comptait parmi les principaux rédacteurs de *Vins et Vignes* depuis les débuts –, qui avait lui aussi, comme Pierre Séguin, continué à écrire dans la revue après sa vente, démissionnèrent.

À partir de là, ils furent les auteurs, à quatre mains, de la chronique vin – de très haut niveau – du *Devoir*.

Le magazine prit par la suite le nom de *Plaisirs de la table*, rappelle de son côté Marc Chapleau, qui, à titre de rédacteur en chef puis de coordinateur de la rédaction, révisait les textes de *Vins et Vignes*, tâche qu'il a remplie pour les six premiers numéros.

Journaliste et auteur et… toujours en selle, Chapleau se vit confier à l'automne 2006 la direction du nouveau magazine *Cellier*, que la SAQ entendait lancer.

Il en a fait ce que je considère, quant à moi, comme un grand succès. *Cellier*, qu'il a dirigé jusqu'au printemps 2013, s'étant élevé et maintenu pendant tout ce temps au niveau des meilleures publications mondiales – américaines, anglaises, françaises, etc. – sur le vin.

Amateur lui aussi passionné, Chapleau a dirigé les 26 numéros de ce qu'on pourrait appeler la première génération de ce magazine.

Dégustations prestigieuses, et à l'aveugle, avec les comptes rendus subséquents, visites de vignobles, interviews de viticulteurs, portraits de pays viticoles, etc., il y avait de tout dans ce *Cellier*.

Et le tout sur papier glacé, dans une mise en page soignée, le magazine étant alors aussi publié dans une version en langue anglaise.

Pour des raisons qui demeurent inexpliquées, la SAQ fit par la suite un virage à 180 degrés et… descendit de sa Maserati pour s'installer au volant d'une Chevrolet compacte.

Le *Cellier* nouvelle facture n'est pas un mauvais magazine tout en se situant, sur tous les plans (contenu, présentation, richesse d'informations, etc.), à quelques années-lumière du *Cellier* première manière.

Dommage, donc, que la société d'État ait renoncé à ce qui était l'une de ses plus belles cartes de visite.

DES AUTEURS

Phénomène (ou épiphénomène, comme on dit) qui ne surprendra personne : beaucoup de Québécois ont écrit et écrivent encore aujourd'hui sur le vin.

La liste qui suit, de ces auteurs, est longue… mais permet de mesurer à quel point le vin suscite des vocations. Le plus prolifique de tous étant Jacques Orhon, sommelier et professeur de sommellerie pendant 30 ans, soit jusqu'en 2010, à l'École hôtelière des Laurentides, de Sainte-Adèle.

Breton d'origine et arrivé au Québec en 1976, on lui doit toute une série de guides sur les vins de divers pays, dont la France et l'Italie, lesquels ont droit tous deux à un volume entier.

En ajoutant tous les autres, comme *Le Vin snob* (2015), on arrive au nombre, impressionnant, jusqu'ici, de 15 ouvrages sur le vin signés Orhon depuis une vingtaine d'années ! (Beaucoup de ces livres, soit dit en passant, ont été réédités à plusieurs reprises.)

Ouvrages de référence et fort utiles, les guides sur les vins de France et d'Italie sont, tous deux, très riches en informations de toutes sortes. Et, pour ma part, je les consulte régulièrement.

J'ouvre ainsi, à l'instant, au hasard, *Le Nouveau guide des vins de France* (Éditions de l'Homme, 2014) que j'ai sous les yeux, à la page 128, où figure l'entrée « Chiroubles ». On apprend que l'appellation date de 1936, qu'elle couvre une superficie de 350 hectares, « à des altitudes oscillant entre 250 et 450 mètres, les vignes faisant du Chiroubles le plus haut des crus du Beaujolais ». Beaucoup d'autres renseignements suivent sur ce seul cru (les sols, la façon d'éviter leur érosion, car les vignes sont en pente, les meilleurs producteurs selon l'auteur, etc.).

Son *Nouveau guide des vins d'Italie* (2007) est conçu et se présente de la même façon, tout en étant traduit en italien depuis 1997.

Orhon a aussi publié, à partir de 2007, en trois volumes, *Les Vins du Nouveau Monde*, le troisième tome, qui porte sur l'Amérique du Nord – Canada, États-Unis, Mexique –, avec la collaboration d'Hélène Dion.

On lui doit également un ouvrage sur les accords vins et mets, à savoir *Harmonisez vins et mets*, dont la plus récente édition remonte à 2004.

Or, chose unique, cinq de ces ouvrages ont été traduits en 2015 en… mandarin, c'est-à-dire dans cette langue la plus parlée en Chine, devant le cantonnais (soit *Le Nouveau guide des vins de France*, les trois tomes des *Vins du Nouveau Monde* et, enfin, *Harmonisez vins et mets*, tous cinq publiés par l'éditeur Publishing House of Electronics Industry, de Pékin).

Seul souci de Jacques Orhon à ce sujet : il se demande quand et comment il touchera ses droits d'auteur sur les ventes des versions chinoises de ses cinq ouvrages…

Tous ces livres d'Orhon, 64 ans, ont été publiés, en français, par les Éditions de l'Homme.

Français d'origine lui aussi, Guénaël Revel publie régulièrement, mais pas tous les ans, le *Guide Revel des champagnes et des autres bulles*, chez Modus Vivendi.

La première édition remonte à 2007 et portait alors le titre de *Vins mousseux et champagnes*, avec comme sous-titre : *Les 500 meilleurs effervescents du monde entier*. Tout un programme !

Quatre éditions ont suivi (2011, 2012, 2013 et 2014), dans ces cas sous le titre de *Guide Revel*.

Sa dernière publication sur les vins effervescents, dont, manifestement, il raffole : *Champagne : guide et révélations*, parue cette fois chez Isabelle Quentin éditeur (2016).

« Je le considère comme un livre d'histoire », explique son auteur.

Monsieur Bulles… ainsi qu'il aime lui-même à se désigner, a également signé, à quatre mains, avec la romancière Chrystine Brouillet, chez Flammarion, *Couleur champagne*, en 2006.

L'année précédente, il publiait cette fois *L'Essentiel des caves et des celliers*, avec Les 400 coups comme éditeur (2005).

C'est un ouvrage pratique, avec comme sujet annoncé « bien choisir ses vins et savoir les conserver ».

Enfin, ce que ne savent sans doute pas tous ses lecteurs, Revel est aussi un amateur mordu de porto, auquel on doit *La Bible du porto*, qu'a publié en 2005 Modus Vivendi.

Je me souviens ainsi d'avoir goûté en sa compagnie, à une dégustation organisée par Marc Chapleau, pour le compte de *Cellier*, une série de portos millésimés à l'aveugle, dont deux – après la dégustation formelle – après le repas qui suivit.

Les deux furent par la suite identifiés sur place, alors que ceux de la dégustation formelle restèrent inconnus aux dégustateurs jusqu'à la parution des résultats dans le magazine.

Revel identifia un des deux – Graham's 1970... et (au diable la modestie !), moi de même.

Je lui ai demandé par quel hasard ou concours de circonstances il s'est établi au Québec. Pour sa femme, une Québécoise dont il a fait la connaissance à Paris, raconte-t-il.

« Nous nous sommes rencontrés en France, même si j'habitais alors l'île de Saint-Martin, dans les Antilles françaises. J'étais professeur d'histoire et d'histoire de l'art le jour et sommelier le soir. J'ai quitté les Antilles pour le Canada, pour elle. »

Diplômé en histoire, mais aussi en histoire de l'art (École du Louvre), Guénaël Revel, 49 ans, s'est installé au Québec en 1995.

Marc Chapleau, ce qui en surprendra peut-être certains, a publié jusqu'ici, pour sa part, quatre ouvrages sur le vin.

Trois d'entre eux sont sous forme, principalement, de questions-réponses : *Entretiens avec Champlain Charest* (Liber, 1994, questions-réponses uniquement) ; puis *À nous deux, le vin !* en deux tomes (XYZ, 2002 et 2003), où il fait le tour de ce qu'il faut savoir, selon lui, sur le vin, la façon de le consommer, les meilleurs producteurs des différentes régions, etc.

Or, chose heureuse pour lui, son premier tome de *À nous deux le vin !* a été traduit sous le titre de *Let's talk wine !* et distribué dans le reste du Canada.

Le quatrième, paru en 1995, *L'Amateur de vin* (Liber), est un essai. Rafraîchissant, au style vif, avec cet humour qui, avec Chapleau, 60 ans, est immanquablement au rendez-vous.

Professeur de sommellerie à l'Institut de tourisme et d'hôtellerie du Québec (ITHQ), Pascal Patron a, pour sa part, fait paraître, en 2010, *Le Guide des vins bio*, très bien fait, qui fourmille de données précieuses et de commentaires sur les producteurs de vins de ce type, et sur leurs vins.

Dernier ouvrage paru, *Manuel de sommellerie professionnelle*, « pour les apprentis sommeliers et tous les passionnés du vin » selon le sous-titre. Il a été écrit à six mains, les deux autres auteurs étant Kathleen McNeil et Jean-Luc Jault, eux aussi professeurs de sommellerie à l'ITHQ.

Ouvrage que je n'ai pas lu, il a le désavantage d'être cher (100 $ en version PDF et 135 $ en version papier).

Enfin, j'ai moi-même publié trois ouvrages sur le vin, à savoir, d'abord, *Les Plaisirs du vin* (Libre Expression, 1985), lequel fut publié plus tard (1995) une seconde fois sous le titre de *La Dégustation avec Jacques Benoit*.

Un libraire m'a raconté à l'époque une anecdote fort amusante à propos de ce premier livre qu'il recommanda à un client voulant s'initier à la dégustation, ce qui était le principal sujet des *Plaisirs du vin*.

Après quelques jours, le client se pointa et reprocha au libraire de lui avoir suggéré ce livre.

Le libraire lui demanda de s'expliquer. Réponse du client, vexé : « J'ai tout compris ! »

Il aurait voulu… ne rien comprendre, que le vin demeure à ses yeux quelque chose d'aussi obscur que le chinois. Or, on le sait, ce n'est pas aussi sorcier que certains le pensent.

Publié en 2007, *Bouquets et Arômes* (Éditions La Presse) tourne également, beaucoup, autour de la dégustation, tout en abordant plusieurs autres sujets.

Le troisième, enfin, est le livre que vous tenez entre vos mains.

J'oublie sans doute certains auteurs et leurs ouvrages…

Mais je n'oublie pas Karyne Duplessis Piché, jeune journaliste qu'on a pu lire depuis déjà plusieurs années dans *La Presse* papier maintenant disparue et qu'on peut toujours lire dans *La Presse +*, qui a signé, en 2013, *Vive le vin ! Savoir le goûter, le choisir et l'apprécier* (Éditions La Presse).

Ouvrage d'accès facile et qui s'adresse avant tout aux amateurs débutants, il embrasse pratiquement tout ce qu'il faut savoir sur le vin, sans entrer dans les détails les plus pointus, essentiellement sous forme de questions-réponses.

Il ne faut pas oublier non plus *Vins et Vignobles du Canada* (Caractère, 2011), de Julie Perreault et Simon

Gaudreault, tous deux de la SAQ, lesquels y présentent très exactement 36 domaines viticoles du Québec, de l'Ontario et de la Colombie-Britannique.

Sur ce nombre, huit sont du Québec.

«Coups de cœur pour des vins d'ici»: tel est le sous-titre, qui dit tout.

LES AGENCES ET LEUR RÔLE

Il y a aujourd'hui, au Québec, quelque 200 agences, leur nombre n'ayant cessé d'augmenter au fur et à mesure que la culture du vin – si je puis dire – gagnait du terrain.

Tous les vins sur le marché, rappelons-le, sauf quelques rares exceptions, ont en effet une société – une agence, donc, qui les représente de ce côté-ci de l'Atlantique. Ces agences se chargent de la promotion des vins auprès du personnel des succursales et de la presse spécialisée, s'occupent des relations avec la SAQ, etc.

Certaines sont actives d'un océan à l'autre – notamment Authentic, Charton-Hobbs, Constellation, Escalade, Gallo, Mark Anthony, Mondia Alliance, Select Wines, Univins, Vins Philippe Dandurand –, mais ce sont des exceptions, puisque la plupart le sont au Québec seulement.

On le sait fort bien dans le milieu, mais peu en dehors, ces sociétés, dont certaines très petites et ne représentant que quelques domaines viticoles, ont joué et jouent encore un rôle important dans le développement de la culture du vin.

Un rôle, si l'on peut dire, de têtes chercheuses, en ce sens qu'elles s'emploient à découvrir de nouveaux vins et alimentent ainsi la SAQ – mais pas toujours, puisque celle-ci peut fort bien repousser leurs propositions.

Deux exemples éloquents : Réserve et Sélection, qu'a rachetée Trialto il y a quelques années, et à laquelle on doit, mais aussi à celui qui l'a longtemps animée (Jean Parent), l'introduction sur le marché de nombreux vins de grande qualité, tels le Cornas d'Auguste Clappe, les Hermitage de Chave, etc. ; puis, Vinifera, que fondèrent Édith Robillard et Pierre Séguin, grâce à laquelle nombre de bourgognes de haut niveau sont maintenant commercialisés sur notre marché. Séguin étant sans doute le Québécois qui connaît le mieux la Bourgogne.

J'ajouterai que ces agences sont très souvent animées et dirigées par des passionnés, ce qui ne gâte rien…

NE PAS AIMER LE VIN…

Mais on peut prétendre aimer le vin sans l'aimer vraiment. À preuve, ce souvenir d'un voyage dans les vignes du Portugal, dans les années 1980, voyage auquel avait été convié, entre autres, un énorme bonhomme qui écrivait sur le vin dans la revue *Commerce* et dont j'ai oublié le nom.

J'étais aussi du voyage, voyage dont le guide était Armando Godinho, à cette époque-là représentant commercial du Portugal à Montréal, grand fumeur et très bon dégustateur malgré tout.

Or, rapidement, il devint clair que le collaborateur de *Commerce* était pour le moins bizarre…

Car, selon son vœu et à sa demande, il se mettait en train, avant chaque dégustation, avec deux doubles gins !

Puis, je ne sais trop comment, on apprit qu'il avait précédemment fait un reportage sur le transport vers le Québec de vins en vrac – pour cela, il avait traversé l'Atlantique sur un bateau-citerne qui, précisément, transportait du vin.

Or, chaque jour que dura la traversée, pour étancher sa soif, il demandait qu'on lui puise, dans une citerne, quatre ou cinq litres de vin.

Je ne l'ai jamais revu au cours des dizaines et des dizaines de voyages vin que j'ai faits par la suite.

Les radins sont rares, et même rarissimes dans le milieu du vin… Les viticulteurs sont pour la plupart, au contraire, portés à être généreux, désireux qu'ils sont de faire connaître leurs vins et qu'on les apprécie.

L'exception qui confirme la règle : un domaine réputé de Californie, soit (aussi bien le nommer) Kistler Vineyards, dans la vallée de la Sonoma, qui produit uniquement des vins de Chardonnay et de Pinot noir.

C'était en août 2007, à l'occasion d'une visite de ce producteur.

Notre petit groupe de journalistes, qu'accompagnait un agent, était très curieux de goûter ses vins… mais dut se contenter d'un déluge de paroles !

« On ne fait pas goûter », déclara, interrogé à ce propos, le personnage qui nous recevait.

Nous nous empressâmes de décamper – une grande dégustation nous attendait chez Mondavi, où nous pûmes goûter de très grands noms, entre autres le rouge de Harlan Estate et celui, encore plus rare, de Screaming Eagle.

4

« LA BARRIQUE »
À PARKER

Chose qu'on passe d'ordinaire sous silence : il existe des viticulteurs, ou des entreprises viticoles, qui s'essaient à l'occasion, sciemment, à tromper les journalistes au sujet de la qualité de leur vin… en espérant qu'ils tomberont dans le panneau.

Trois fois, mais trois fois seulement, j'ai vécu pareille expérience. Ce qui veut dire une fois tous les 10 ans, puisque, je le rappelle, j'ai écrit sur le vin plus de 33 ans. Donc, c'est rare, et tant mieux.

Une de ces tentatives d'arnaque (il n'y a pas d'autre mot) eut lieu à une dégustation de vins des Côtes du Rhône, dans un hôtel de la rue de la Montagne, à Montréal, il y a de cela de nombreuses années.

Parmi les vins dégustés ce soir-là, l'un des moins chers, sinon le moins cher, me sembla – et en fait sembla à tous les chroniqueurs présents – particulièrement remarquable, d'autant plus qu'il devait être vendu, de mémoire, environ 12 $.

Il arriva sur le marché très peu de temps après cette dégustation (peut-être une semaine ou deux) et je m'empressai alors de le goûter de nouveau.

Bien ordinaire, le vin en question n'avait rien à voir avec le vin, bien supérieur, qu'on nous avait servi à la dégustation qu'avait mise sur pied l'agent de ce domaine…

Par la suite, je rencontrai ce viticulteur, en visite au Québec, et je le lui reprochai vivement, et puis je refusai de lui serrer la main.

Plusieurs années plus tard, je finis par me réconcilier avec lui et je lui dis que j'avais tourné la page.

Seconde expérience similaire, cette fois à Buenos Aires, où une grande entreprise européenne, active également en Argentine, nous fit déguster (nous étions plusieurs chroniqueurs du Québec) un vin rouge qui nous fit, pour ainsi dire, bondir de plaisir !

Lui de même allait être commercialisé à petit prix et, d'une seule voix, nous affirmâmes à nos hôtes que le succès de ce vin était assuré. « Wow ! »

Déconvenue majeure à une seconde dégustation du *même* vin, de retour au Québec… Le vin était mince, sans intérêt, «pas de quoi téléphoner à sa mère», comme on dit parfois.

Nous en parlâmes à l'agent de cette entreprise, lequel fit une colère.

«Vous pensiez qu'ils ne s'en rendraient pas compte!» tonna-t-il par courriel ou par téléphone à l'adresse des représentants argentins de l'entreprise en question.

Enfin, la troisième fois, cela se passa en Californie, chez je ne sais plus quel producteur, sans doute de la vallée de Napa ou de celle de Sonoma. Et dans ce cas, cela se termina joyeusement, sans dégâts.

Après la dégustation des vins déjà en bouteilles, on nous invita à déguster les vins en cours d'élevage, et donc tirés des fûts.

Or, l'un de ces vins rouges était pour ainsi dire si bon, d'une telle concentration, et en même temps si équilibré et si plein d'éclat qu'il surpassait haut la main tout ce que nous avions goûté jusque-là.

«*This wine comes from a very good barrel*» («Ce vin provient d'une très bonne barrique»), fit remarquer l'un d'entre nous (c'était moi, aussi bien le dire).

Les trois ou quatre membres présents du domaine éclatèrent de rire bruyamment à ces mots…

Bref, c'était dit, sans qu'ils aient eu à le dire : ce qu'ils nous avaient servi dans ce verre, c'était ce qu'on appelle en France le vin de « la barrique à Parker », c'est-à-dire pris à la barrique renfermant le vin le plus concentré et le plus abouti de toute la cuvée, comme les aime le très influent chroniqueur américain Robert Parker.

Donc, autre chose que le vin qui serait par la suite commercialisé en bouteilles.

Les choses en restèrent là, au milieu des rires…

Autre anecdote qui, celle-ci, a quelque chose à la fois de savoureux (d'une certaine manière) et d'inquiétant, avec comme théâtre, de nouveau, la Californie, et comme protagoniste, l'un des deux anciens chroniqueurs du *Devoir*, à savoir Noël Masseau. Lequel, je le rappelle, y a signé la chronique hebdomadaire sur le vin avec Pierre Séguin, de 1987 à l'automne 1990.

Revenons à la Californie…

Cela se passait dans la région de Lake County, chez Guenoc, viticulteur qui a droit aujourd'hui à sa propre appellation, à savoir Guenoc Valley, et qui, depuis, a pris le nom de Langtry Estate Guenoc.

Là, chaque journaliste disposait d'un petit pavillon particulier – quoique certains, c'était mon cas, partageaient un pavillon avec un collègue.

Noël Masseau, lui, avait un de ces pavillons pour lui tout seul.

L'après-midi, après une dégustation et le repas qui avait suivi, il regagne son pavillon, ouvre la porte et est accueilli… par un crotale, un serpent à sonnette, comme on dit communément!

Il referme vivement la porte, alerte le personnel, quelqu'un accourt, etc.

Heureusement qu'il avait vu le serpent – une espèce très venimeuse –, et que celui-ci n'était pas dissimulé, par exemple sous le lit.

Il y a aussi, il faut bien le dire, des viticulteurs stupides…

L'événement qui suit se déroule début 1999, en février pour être plus précis, dans un domaine du Languedoc, dans l'appellation Corbières, où nous reçut alors un curieux personnage.

C'était à la fin d'une journée passée en visites de domaines et en dégustations, et notre petit groupe, formé de Malcolm Anderson, alors chroniqueur vin à *The Gazette*, Jean Aubry, Claude Langlois et moi-même, était, comme il se doit, fourbu.

Le personnage en question – son propriétaire, selon Claude Langlois –, plutôt que de nous inviter à déguster ou à prendre un temps de repos, nous annonça qu'il nous réservait une surprise.

Toute une surprise !

Il nous installe dans son Grand Cherokee flambant neuf et, dans le soir tombant, nous mène jusqu'à la piste de terre, faite de fortes pentes et tout en zigzags, que possède ce domaine et où... les pilotes du Paris-Dakar vont se faire la main !

Il fonce et on est secoué comme dans une tornade, Claude Langlois, assis côté droit, derrière le siège passager, crie de fatigue et d'irritation. Jean Aubry, assis entre lui et Malcolm Anderson, riait pour sa part de façon énervée, à gorge déployée.

Et, s'accrochant à la poignée de sécurité fixée au toit du véhicule, Langlois finit par l'arracher... et c'est, avec cette poignée à la main, qu'il descendit, éberlué, du véhicule !

Perturbé, furieux, il manifesta sa colère par la suite au cours du repas.

Bêtise du personnage en question... si bien qu'aucun de nous, sauf Langlois – soucieux de ne pas donner l'impression qu'il voulait se venger –, n'a parlé de la visite de ce domaine et de ses vins.

MADAME POUTINE...

L'anecdote a peu à voir avec le milieu du vin, sinon qu'elle met en scène des personnages d'un grand château du Bordelais, et... elle est si cocasse qu'il vaut la peine de la raconter.

Cela se passait au début des années 2000, à l'auberge Les Sources Caudalie, que tiennent Florence et Daniel Cathiard, sur des terres de leur domaine, le Pessac-Léognan Château Smith-Haut-Lafitte.

En visite dans le Bordelais, et à la suggestion d'Alain Juppé, le maire de Bordeaux, madame Poutine, de Russie, décida d'y loger, au milieu des vignes. Lumineuse idée ?

Catastrophe !

À la demande insistante de ses gardes du corps, il fallut expulser tous – *tous* – les autres clients, afin d'assurer une totale protection à la précieuse madame Poutine, qui devenait ainsi la seule et unique cliente.

Un plan d'eau, un étang, flanque l'auberge.

« Il y avait même des gardes du corps, armés, dans l'étang, en combinaisons d'hommes-grenouilles ! » racontait Florence Cathiard, en 2005, à notre petit groupe de journalistes québécois en visite dans le Bordelais.

LE GOÛT QUÉBÉCOIS

Avant même de commencer à tenir la chronique vin à *La Presse,* et alors que s'éveillait pour de bon mon intérêt pour «la plus fabuleuse boisson jamais inventée par l'Homme» (écrit Michel Phaneuf en préface de l'édition 2016, la 35e, du guide qu'il a créé), je fis cinq reportages sur les vignerons du Québec de l'époque.

«Les premiers vrais vignerons québécois» – tel était le titre sous lequel fut présentée cette série de reportages.

C'était en 1981 et n'existaient alors, précisément, que cinq domaines, dont deux toujours actifs, à savoir l'Orpailleur et le Domaine des Côtes d'Ardoise, tous deux de Dunham.

Il faut être têtu, acharné et passionné pour planter de la vigne au Québec, et, si je puis dire, avoir la foi, principalement à cause de notre climat aux hivers parfois très rigoureux, et donc aimer follement le vin.

Malgré tout, plus de 150 domaines viticoles ont été créés au Québec depuis ce temps-là, autre signe que la culture du vin (culture dans les deux sens du mot!) est désormais solidement implantée.

Et les vins, blancs et rouges, et même les mousseux (je pense entre autres à celui de l'Orpailleur) ont beaucoup gagné en qualité, puis-je affirmer pour en avoir goûté un assez bon nombre, sans pourtant prétendre les connaître à fond. (J'y reviendrai plus loin de façon plus détaillée.)

À cette époque – je parle toujours du début des années 1980 –, le consommateur privilégiait les vins blancs, qui représentaient environ 70 % du volume des ventes.

Depuis, la proportion s'est inversée, les vins rouges comptant à l'heure actuelle pour, exactement, 63,9 % des ventes, suivis des blancs (31,6 %) et des rosés (4,5 %), selon les plus récentes données de la SAQ portant sur l'exercice 2016-2017. (On peut évoquer à ce sujet le mot de l'Italien Piero Antinori, de Toscane : « La première qualité d'un vin, c'est d'être rouge », a-t-il déjà dit, sourire aux lèvres, tout en produisant lui-même des vins des deux couleurs, mais également des mousseux de qualité, d'appellation Franciacorta, de Lombardie.)

Pourcentage magique, si l'on peut dire, que 70 %…

Car, il faut le rappeler, environ 70 % des bordeaux vendus au Canada le sont en fait au Québec, et même chose en ce qui regarde les portos.

Autre donnée significative : c'est principalement au Québec que sont vendus les deux vins rouges que produit avec des cépages bordelais le domaine de

Colombie-Britannique Osoyoos Larose, à savoir le vin du même nom et le second vin, Pétale d'Osoyoos.

Cette propriété, qui appartient désormais en totalité à des intérêts français (Groupe Taillan, du Bordelais), élabore, faut-il préciser, les deux vins dans un style très proche des vins de Bordeaux, les ventes faites au Québec des vins de ce domaine représentant quelque 50 % de son chiffre d'affaires.

Chose dont on est bien conscient dans le milieu du vin, il y a en fait un goût québécois, différent de celui des autres consommateurs du reste du Canada – le ROC (*Rest of Canada*), entend-on souvent.

Pour dire les choses simplement, notre goût s'apparente à celui des Européens, tandis qu'ailleurs au Canada, le goût, rappelant celui des Américains, se porte avant tout sur les vins du Nouveau Monde.

« *French palate* », font quasi immanquablement remarquer les viticulteurs californiens au sujet des commentaires qu'émettent les Québécois, notamment les chroniqueurs vin, sur leurs vins. Ici même, ou là-bas, en Californie.

Commentaire, puis-je dire, que j'ai entendu à plusieurs reprises au cours des cinq voyages vin que j'ai faits dans cet État béni des dieux.

Bref, les vins de Chardonnay hyper boisés et ceux de Cabernet sauvignon très concentrés, du genre *blockbusters*, comme les aiment nombre d'Américains et de Canadiens anglais, ne sont pas forcément les plus appréciés, règle générale, des consommateurs d'ici.

Autrement dit, l'amateur québécois recherche avant tout l'équilibre, l'élégance, plutôt que la concentration, comme le montre par exemple notre amour de vins tels que le Chablis et le bourgogne rouge. Mais, en même temps, on peut se permettre d'apprécier également, selon notre humeur ou le plat qu'ils doivent accompagner, les vins denses, concentrés.

Il arrive même que tel ou tel vin du genre, et donc particulièrement dense, nous plaise énormément dans une occasion donnée !

Personnellement, je me souviens ainsi d'avoir bu, avec ma femme, un soir d'été (c'était au début des années 1980), toute une bouteille d'un extraordinaire vin rouge de la vallée du Rhône, soit le Châteauneuf-du-Pape 1979 Les Silex, du Domaine les Cabrières.

Très coloré, puissant, ce vin, dont la teneur en alcool était sans doute de près de 15 %, ou plus (comme dans le cas de bien d'autres Châteauneufs-du-Pape), aurait sans doute demandé qu'on le boive en deux temps.

Mais non, sa concentration, son fruit, son éclat étaient tels que, le souper terminé, je vidai le dernier verre assis dans le jardin de la maison de Notre-Dame-de-Grâce que nous avons habitée pendant près d'une trentaine d'années.

Vin éminemment costaud, mais sans lourdeur et donc équilibré, c'était un vrai régal. En somme, un grand vin. Inoubliable.

LE SILENCE

Jean Aubry, chroniqueur vin (*Le Devoir*) et auteur du guide qui porte son nom, raconte qu'à Paris, où il a vécu un temps, les journalistes du vin ne cessent de parler, de jacasser peut-on même dire, pendant les dégustations.

«On dirait qu'ils s'en fichent comme de leur première chemise», fait-il observer.

La situation est bien différente au Québec, où journalistes, sommeliers et blogueurs dégustent dans un silence religieux, avec le plus grand sérieux, ce qui s'explique sans doute, encore une fois, par l'aura qu'a ici cette boisson mythique qu'est le vin.

Bien sûr, il arrive à certains de faire des observations à voix haute… ce que s'attirent par exemple certains vins de qualité douteuse, mais commercialisés à un prix faramineux.

« Es-tu prêt à en acheter une caisse ? » demande-t-on alors à son voisin – c'est la blague classique, de circonstance.

Hormis pareils cas, entre autres, le silence règne.

Ce silence respectueux, plus le fait que plusieurs chroniqueurs vin du Québec sont, en matière de vin, de véritables encyclopédies vivantes, mais aussi parce que les chroniqueurs et les blogueurs d'ici s'intéressent aux vins de nombreux pays et les connaissent, tout cela a pour résultat que les viticulteurs étrangers, disons-le en toute simplicité, se plaisent au Québec.

Certains, en grande partie pour ces raisons, sont même pour ainsi dire des abonnés, et remettent par conséquent fréquemment les pieds de ce côté-ci de l'Atlantique. Tels Alain Brumont, des châteaux Bouscassé et Montus, d'appellation Madiran, ou encore les Bourguignons Claude Chevalier, du Domaine Chevalier, Jean-Paul Durup, du Château de Maligny (Chablis), Grégory Patriat, de la maison Jean-Claude Boisset, etc.

BEYCHEVELLE 1970 ET LES 1982

Il suffit très souvent d'un vin particulièrement éblouissant, de telle ou telle appellation, pour qu'un simple consommateur se transforme instantanément en amateur. Amateur débutant, bien sûr, mais amateur quand même, c'est-à-dire voué à se prendre de passion pour le vin.

C'est ainsi qu'Henry Wojcik, peu après la Seconde Guerre mondiale, et étudiant alors à Paris, fut un jour invité à une soirée par un camarade issu d'une famille fortunée.

À cette occasion, il but, pour la première fois de sa vie, de grands bordeaux (j'ignore lesquels, ou… j'ai oublié), ce qui déclencha en un clin d'œil son intérêt pour le vin.

«Je n'en revenais pas, je n'avais jamais rien bu de tel», racontait-il.

Bordeaux?…

C'est à une dégustation tenue par *Les Amitiés bachiques*, vers 1983, et tout en ayant dégusté et bu une assez bonne quantité de ces vins jusque-là, que je goûtai pour ma part, et pour la première fois, un bordeaux qui me faisait une aussi forte impression.

J'ai encore un souvenir précis de ce vin, à savoir le Saint-Julien 1970 Château Beychevelle, d'un millésime très réussi, et qui, très Saint-Julien, était d'une complexité, d'une élégance, d'une finesse de texture que je n'ai jamais oubliées.

Deux ou trois ans plus tard, les bordeaux 1982 débarquèrent (si je puis dire) sur notre marché.

Je l'ai maintes fois écrit, les Bordelais eux-mêmes, au départ, ne comprenaient pas ce millésime. Habitués à des vins tanniques, très souvent austères dans leur jeunesse, ils se retrouvaient avec un millésime aux vins denses, onctueux, pleins d'éclat et aux tannins gras, bien enrobés, toutes choses faisant qu'ils étaient délectables dès le commencement de leur vie.

Sommelier et professeur de sommellerie émérite, Don-Jean Léandri, qui était passé par Bordeaux à ce moment-là, me rapporta ce qu'en disaient les Bordelais… avant de changer d'avis devant le succès que remportèrent les 1982, en très large partie grâce à Robert Parker, mais aussi au réputé chroniqueur français Michel Bettane, qui en chantèrent tous deux les louanges.

« Ils font un peu le trottoir », disaient donc de leurs 1982 les Bordelais cités par Don-Jean Léandri.

Nul besoin d'un dessin pour comprendre ce qu'ils insinuaient par là…

Aussi bien le signaler, j'ai adoré ces vins, tendres, au fruité d'une pureté et d'un éclat exceptionnels, et j'en ai acheté, et bu, quantité.

Des 1982 tels que le Saint-Estèphe Château Les Ormes de Pez, le simple Médoc Château La Tour de By, le Saint-Estèphe Château Calon Ségur, le Saint-Julien Château Ducru-Beaucaillou et, peut-être davantage, le Saint-Julien Château Léoville-Barton, étaient, chacun à son niveau, de pures merveilles.

Celui dont je garde le souvenir le plus ému est sans contredit Léoville-Barton, très dense, très fruits noirs et aux tannins de velours, d'un éclat et d'une persistance invraisemblables, et qui coûtait, de mémoire, un peu plus de 31 $.

«C'est presque caricatural», me dit un jour au sujet de ce vin un grand connaisseur québécois, lequel, comme les Bordelais, n'avait pas l'habitude de jeunes bordeaux aussi charmeurs.

Je n'étais pas du tout d'accord, ce vin était à mon avis tout le contraire d'une caricature – un grand vin, tout simplement.

L'une des étoiles de l'œnologie mondiale, le Bordelais Michel Rolland – lequel se promène d'un continent à l'autre… en première classe –, affirme avec raison que 1982 a marqué un tournant dans l'histoire des vins de Bordeaux.

Aux vins austères, on – entendez le marché par ce «on», c'est-à-dire les consommateurs – se mit donc à préférer les vins bien en chair, aux tannins aimables, gras, dans le style des 1982, si bien que les viticulteurs et les œnologues emboîtèrent le pas.

Œnologue consultant de multiples domaines du Bordelais (environ 200, disait-on), feu Émile Peynaud préconisait alors, pour arrondir les angles, de chaptaliser les vins, et donc d'en remonter le degré alcoolique par l'ajout de sucre dans le moût.

Car, ainsi qu'il l'avait déjà démontré, l'équilibre d'un vin est atteint lorsque l'alcool enrobe, pour ainsi dire, le couple que forment l'acidité et les tannins, la première renforçant l'impression tannique et les seconds accentuant, de même, l'acidité.

Dans *Connaissance et travail du vin*, dont il est question plus haut, Peynaud va même jusqu'à préciser ce qui suit. À savoir que pour enrichir de un pour cent le degré alcoolique d'un vin par la chaptalisation, il faut ajouter théoriquement au moût 17 grammes de sucre par litre de moût, mais, dans la pratique, plutôt 22 grammes à cause de phénomènes de déperdition.

En raison toutefois de l'influence de Robert Parker, qui a toujours aimé et privilégié les vins très denses, très concentrés – une influence sans pareille, inédite dans l'histoire du vin –, des dérives se sont ensuivies.

« Est-ce que je dois *parkeriser* mes vins ? » nous demanda ainsi, au début des années 1980, à Claude Langlois et moi, au cours d'une dégustation de ses vins au domicile de mon collègue, Jean-François Janoueix, du Saint-Émilion grand cru classé Château Haut-Sarpe.

Il se demandait, naturellement, s'il ne lui fallait pas tout mettre en œuvre pour obtenir des vins plus compacts, plus corsés, afin de se conformer au goût du critique américain.

À notre avis, il devait s'en abstenir et rester fidèle à son style.

Il faut le dire, certains viticulteurs du Bordelais, notamment de Saint-Émilion, ont suivi la voie que leur traçait Parker, et même chose pour de nombreux producteurs, entre autres d'Espagne, dont les vins, noirs, intensément concentrés, en arrivent à être ainsi à peu près imbuvables.

On peut ajouter que le réchauffement climatique n'a en rien aidé, puisqu'il a pour effet de donner des fruits plus riches en sucre, plus mûrs, avec pour résultat, naturellement peut-on dire, des vins qui ressemblent à ceux qu'aime l'Américain.

Chose à signaler à son sujet : on peut critiquer son goût, déplorer son influence – influence à laquelle a échappé la Bourgogne, soit dit en passant –, on doit dire et reconnaître malgré tout que c'est un véritable amoureux du vin, indiquent tous ceux qui le connaissent bien, ce qui n'est pas mon cas.

Un grand viticulteur californien expliqua ainsi un jour, sur place, c'est-à-dire en Californie, à un groupe de journalistes québécois dont j'étais, que, oui, Robert Parker aimait véritablement le vin, alors que le critique en titre des vins de Californie de l'époque, James Laube du *Wine Spectator*, se délectait principalement, selon lui, de son impact sur les ventes.

Je parlais plus haut de la beauté de certains vins.

Question beauté (et dans un tout autre ordre d'idées!), il n'est pas rare que les domaines viticoles, ou encore les organismes qui chapeautent une région donnée, tel le Conseil interprofessionnel du vin de Bordeaux, aient à leur service, notamment pour ce qui est de leurs relations avec la presse, des jeunes femmes qui, justement, brillent par leur beauté.

Impossible, pour les journalistes de la presse spécialisée, de ne pas le remarquer.

Il arrive même que cela soit dérangeant, en ce sens que leur présence peut rendre difficile la dégustation…

Aussi bien le dire (sourire aux lèvres), j'ai déjà vécu pareille chose lors d'une visite dans l'appellation Côtes du Rhône Villages Beaumes de Venise, il y a une quinzaine d'années.

En bref: la jeune femme qui nous accueillit était d'une telle beauté qu'il me fallut, pour réussir à déguster, m'éloigner de l'endroit où elle se tenait et lui tourner carrément le dos.

Un de mes collègues – Claude Langlois pour ne pas le nommer – trouvait la chose fort amusante!

Autre souvenir apparenté, au cours d'un voyage en Argentine, avec Marc Chapleau et Claude Langlois, en 1999. Nous venions d'arriver dans le nord du pays, à Mendoza, qui est la région viticole argentine la plus connue.

On nous avait annoncé que, peu après notre installation à l'hôtel, un guide allait passer nous prendre.

Nous attendions donc, sur le pas de la porte, quand arriva, au volant d'un CRV Honda, une beauté blonde, mince, aussi éclatante et bien faite qu'une star hollywoodienne. C'était pour nous.

Elle s'appelait Estella et n'était pas seulement belle, mais également… œnologue!

Nous étions bouche bée.

CLOS DE LA ROCHE 1970

Cela se passait en 1981, peu après que j'eus terminé la série d'articles, dont j'ai fait état, sur un certain nombre de connaisseurs québécois.

Grand ami d'Henry Wojcik, Guy Laurendeau, alors propriétaire de l'agence montréalaise Les Vins La Rochelle, m'invita à dîner chez lui, avec Wojcik, pour me parler de je ne sais plus quel problème concernant la SAQ. (Celle-ci, soit dit en passant, n'a pas que des qualités et est *aussi* une énorme machine bureaucratique, très tatillonne, dont ne cessent de se plaindre, souvent avec raison, les agences qui représentent les fournisseurs, car, il faut le rappeler, à peu près tous les vins ont un représentant au Québec, certaines de ces agences étant même actives d'un océan à l'autre, et non pas seulement au Québec.)

Ce fut à l'occasion de ce repas que je dégustai, pour la première fois de ma vie – une autre première, ou plutôt deux – à la fois un grand bourgogne et un vintage, ou porto millésimé, de haut niveau.

Le bourgogne que servit Laurendeau était le grand cru Clos de la Roche 1970 Faiveley, tout aussi (comment dire ?) magique que le Beychevelle 1970 et qui fut pour moi une révélation. Vin pur, complexe, velouté…

Très amateur de portos et grand connaisseur – comme je l'appris par la suite –, Guy Laurendeau déboucha également une bouteille de Vintage 1967 Sandeman, lequel était donc âgé alors de 14 ans et avait néanmoins conservé tout son fruit, toute sa fraîcheur.

Ce fut, encore là, une révélation, car les seuls portos que j'avais bus jusque-là étaient des *late bottled vintage*, ou LBV, notamment celui de Taylor.

Ce jour-là était un jour ouvrable et, dois-je dire, je retournai au journal… les idées légèrement embrouillées. N'empêche, je rapportais de ce repas quelque chose d'éminemment précieux, la découverte de vins dont j'ignorais à peu près tout quelques heures plus tôt.

Par la suite, j'eus l'occasion de parler de son Clos de la Roche avec François Faiveley – lequel, depuis, a cédé les rênes de l'entreprise à son fils Erwan –, qui m'apprit ce jour-là qu'il ne produisait que deux pièces (soit 456 litres, ou 912 bouteilles) de ce vin.

Et que, dorénavant, toute la production était embouteillée en magnums, pour sa propre consommation…

LE CHEMINEMENT CLASSIQUE

Selon le cheminement classique (mais il y a bien sûr des exceptions), on commence par aimer les vins corsés, concentrés ; puis, peu à peu, à mesure que notre goût se développe et qu'on perçoit davantage de nuances dans les vins dégustés, on privilégie la finesse, l'équilibre, la complexité. En somme, on va des vins costauds à des vins plus subtils.

C'est, pour ma part, le cheminement que j'ai suivi, tout en ne dédaignant pas, avec certains plats très goûteux – je le répète –, des vins solides, compacts. N'est-ce pas aussi cela, la beauté du vin ? Car il y en a pour tous les goûts et pour toutes les occasions.

« Tous les chemins mènent à Rome », selon l'adage.

En matière de vin, on pourrait fort bien dire, de la même façon, « tous les vins mènent au bourgogne »… Car, règle générale, plus on s'y connaît, et plus on aime le bourgogne.

Mais, aussi bien le rappeler, la réputation de la Bourgogne ne fut pas toujours là où elle en est aujourd'hui, c'est-à-dire, en quelque sorte, au sommet dans l'esprit de multiples amateurs.

Ainsi, dans les années 1970, ce vignoble était sévèrement critiqué, ses vins, surtout les rouges, étant alors jugés inconsistants, la rumeur voulant en ce temps-là, comme l'écrivait feu Pierre-Marie Doutrelant dans *Les Bons vins et les autres*, que les Bourguignons soignaient leurs vins rouges avec du Châteauneuf-du-Pape !

La Bourgogne était même, selon lui, le plus important acheteur de Châteauneuf-du-Pape rouge vendu en vrac. Bref, c'était, comme on dit, le vin médecin du bourgogne.

Depuis ce temps, la Bourgogne s'est refait une virginité (si l'on peut dire), ses vins, blancs et rouges, sont désormais très appréciés sur tous les marchés où la consommation de vin est courante.

« Tous les vins mènent au bourgogne », donc, mais pourquoi ? Pour quelles raisons ?

On pourrait répondre à cette question par un seul mot : le charme…

Les bourgognes, blancs et rouges, enchantent tout d'abord par cette facilité qu'on a à les boire, ce sont, dit-on, des vins éminemment digestes.

Un Chablis, un Chambolle-Musigny, cela se boit comme de l'eau ! Et la bouteille vide, on a l'impression qu'on pourrait en boire encore et encore.

Néanmoins, et même s'ils sont issus de seulement deux cépages, le Chardonnay et le Pinot noir, les meilleurs bourgognes, blancs et rouges, acquièrent avec le temps une complexité fascinante.

Complexité que le dégustateur a bien du mal à décrire et qui, pour cette raison, rend la chose encore plus attachante, plus séduisante. Comme devant un coucher de soleil aux riches couleurs qui s'entremêlent, et impossible à dépeindre, on reste… sans voix.

« Il y a des arabesques dans le vin », disent à ce sujet les Bourguignons, qui ne font ainsi qu'évoquer les multiples nuances présentes dans le vin, faute de pouvoir les nommer précisément.

Ainsi vont les très grands vins, qui échappent à la description.

Interrogé ainsi, à table, sur ce qu'il pensait de je ne sais plus quel millésime du Margaux premier grand cru classé Château Margaux – c'était au château même –, l'auteur du *Guide du vin* (Le Livre de poche), Raymond Dumay, se contenta d'un seul mot, ainsi qu'il le raconte dans son ouvrage.

« Oui », opina-t-il, à la satisfaction de ses hôtes.

Pour en revenir aux bourgognes, très rares donc sont les amateurs, surtout les amateurs chevronnés, qui ne tombent pas sous leur charme.

En ce qui me concerne, c'est un bourgogne rouge qui est le plus grand vin qu'il m'ait été donné de déguster – et de boire, bien sûr, comme je l'ai déjà signalé dans une chronique.

C'était à l'automne 2001, à Beaune, à la maison Louis Jadot, laquelle, pour saluer les 30 ans de vinification de Jacques Lardière, organisa à cette occasion une triple dégustation : 15 millésimes du Corton Pougets (1970 à 1984), 15 millésimes de Bonnes-Mares (1985 à 1999) dans la matinée, suivis de 30 millésimes de Corton-Charlemagne (qui est un blanc – 1970 à 1999) dans l'après-midi, lesquels avaient tous été vinifiés par Jacques Lardière. (Un esprit très curieux, soit dit en passant, qui parle du vin en termes on ne peut plus ésotériques, tout en gardant malgré tout les pieds sur terre, et aujourd'hui à la retraite.)

Pour couronner le tout, son grand patron Pierre-André Gagey tint le soir même, pour la quarantaine d'invités venus d'un peu partout – j'étais du nombre –, un dîner fastueux, qu'accompagnaient, naturellement, des bourgognes.

Les Michel Rolland, Michel Bettane et Thierry Desseauve (ils signent à quatre mains un guide annuel sur le vin), des Anglais et des Américains dont j'oublie les noms, etc., purent ainsi déguster, entre autres, un vin presque centenaire, à savoir un Corton 1911 Louis Jadot.

Les bouteilles, qui n'avaient jamais bougé des caves de Jadot, furent décantées… à l'aiguille.

Imaginez une énorme *seringue*, aussi grosse qu'une bouteille de vin, faite exactement comme celle utilisée en médecine, et donc munie d'une longue aiguille creuse. La bouteille penchée à plus ou moins 45 degrés, on perce le bouchon avec l'aiguille et puis, lentement, comme pour une prise de sang, on en retire le vin sans remuer la lie, laquelle reste au fond de la bouteille.

Pierre-André Gagey et Jacques Lardière décantèrent ainsi, eux-mêmes, ce soir-là, je ne sais plus combien de bouteilles de ce vin, dont j'étais fermement persuadé qu'il serait, bien évidemment, mort et enterré.

Erreur…

Peu coloré, d'une couleur rosée, c'était une véritable merveille. Bouquet d'un charme, d'une complexité et d'une finesse inouïs, un fruit pur, une bouche tendre, délicate, d'un éclat absolu. Très grand vin, qui laissait pantois.

Je n'ai jamais rien bu de tel par la suite.

Au moins un autre vieux millésime fut servi (un 1953, de mémoire, mais j'ai oublié de quelle appellation, peut-être également un Corton), qui avait lui aussi parfaitement tenu, d'un charme non moins souverain, mais que le 1911 surpassait quand même, du moins à mon avis.

Tel est le bourgogne...

Problème majeur, cependant, en ce qui concerne la Bourgogne : de 2010 à 2014, les rendements ont été tous les ans déficitaires, et donc inférieurs à la normale d'environ 25 à 50 % selon les millésimes dans la Côte d'Or, constituée de la Côte de Nuits et de la Côte de Beaune et qui est, comme on sait, le plus prestigieux vignoble de Bourgogne.

En cause, bien que les problèmes aient varié d'une année à l'autre : des floraisons difficiles en raison du temps trop froid, de la grêle, des pluies abondantes – la grêle et le gel ayant de nouveau semé le désastre en 2016, à Chablis, à Marsannay, etc.

Bruno Clair, du domaine du même nom, et Grégory Patriat, de la maison de négoce Jean-Claude Boisset, s'accordent à dire que, de 2010 à 2014, la baisse du volume de vin produit par la Côte de Nuits, d'où sont issus les plus grands vins, équivaut à deux récoltes ! «Il manque deux récoltes», estiment-ils.

Ces rendements en baisse, tout en ayant contribué à la qualité des vins (on peut penser entre autres aux 2012), ont entraîné une forte augmentation des prix, de sorte que les vins d'entrée de gamme, d'appellation générique Bourgogne, coûtent désormais plus cher que leurs équivalents du Bordelais.

Ce qui fait que les meilleurs vins ne sont plus achetables pour beaucoup de consommateurs… Hélas !

La situation ne s'est pas améliorée pour ce qui est de 2015, déjà perçu comme un grand millésime.

«C'est une petite récolte, dit Bruno Clair, qui était de passage au Québec en avril 2016 comme tous les deux ans. Je dirais moins 40 % dans toute la Côte. On n'a pas eu de pluie pendant pratiquement quatre mois. Les raisins sont très sains, c'est une année vraiment tout en chair, des tannins très fondus. »

Mais, bien sûr, ils coûteront les yeux de la tête !

La situation s'est répétée en 2016 avec des rendements en baisse d'environ 30 % par rapport à la moyenne décennale (des 10 précédentes années).

Parmi les vignobles les plus durement touchés par les intempéries figure Chablis, le célèbre domaine

Vincent Dauvissat… n'ayant pu produire que 5 % de sa récolte habituelle.

Mais, consolation, la qualité est au rendez-vous, particulièrement en ce qui regarde les vins rouges, au fruité pur et qu'on compare aux 2010.

« C'est un très grand millésime en rouge, avec beaucoup de concentration et de fraîcheur […] Les blancs sont aussi très bien, mais moins que les 2014, qui sont magiques », signale dans un courriel Grégory Patriat.

Quant aux prix à venir, aussi bien ne pas y penser…

5

CHEZ
ANGELO GAJA

Timidité ? Ou, plutôt, volonté de garder mes distances à titre de journaliste, afin de rester tout à fait libre de mes jugements ?

Quoi qu'il en soit – mais il y a quelques exceptions –, j'ai toujours vouvoyé les nombreux viticulteurs et œnologues que j'ai eu l'occasion soit de croiser, soit d'interviewer, ou encore avec lesquels j'ai dégusté leurs vins, au Québec ou dans leur pays.

L'une de ces exceptions est le Piémontais Angelo Gaja, lequel parle très bien français, et que je connais depuis 1983.

Il me tutoie et je le tutoie.

J'ai fait sa connaissance en 1983, lors de mon tout premier voyage vin, à l'invitation de la Délégation commerciale d'Italie, qui a des bureaux à Montréal.

Lointaine époque où, cette année-là, à cette grande foire qu'est Vinitaly, laquelle se tient à Vérone (Vénétie), on ne trouvait pas de crachoirs aux stands des domaines viticoles présents. Mais il y avait… des cendriers, et nombre de visiteurs, la cigarette à la main, allaient, nonchalamment, d'un stand à l'autre et ingurgitaient les vins qu'ils goûtaient.

Aussi bien le dire, par crainte d'en sortir à quatre pattes, j'utilisais pour ma part les cendriers comme crachoirs.

En 1983, Angelo Gaja ne faisait que commencer à être connu, et, résultat, les organisateurs de la tournée n'avaient pas prévu qu'on passe par chez lui.

Cependant, j'en avais entendu parler, sans doute par *Decanter* ou le *Wine Spectator*, mais sans avoir jamais goûté de ses vins, et je demandai à notre guide italienne s'il était possible de visiter son domaine.

Elle arrangea la chose et notre petit groupe, qui comprenait entre autres un chimiste du laboratoire de la SAQ, Marcel Allard, finit par se retrouver chez Gaja.

Ses installations étaient à l'époque modestes, alors qu'elles sont aujourd'hui beaucoup plus grandes, beaucoup plus spacieuses et nettement plus luxueuses (j'y suis retourné il y a quelques années), car son succès, et les prix stratosphériques auxquels sont vendus ses vins, lui ont permis de considérablement agrandir et de s'implanter également en Toscane, à la fois à Bolgheri et à Montalcino.

Gaja nous reçut dans un français quasi parfait et avec cette faconde, ce sens du spectacle et de l'effet qui caractérisent tant d'Italiens.

Il a aussi énormément de charisme et éprouve une passion sans borne pour son métier.

Il me plut instantanément et, deux ou trois ans plus tard, je le revis à Montréal, où je partageai un repas avec lui et son agent d'alors, David Campbell, de l'agence (elle existe toujours) Le Marchand de vin.

Angelo Gaja avait apporté entre autres dans ses bagages deux millésimes – 1961 et 1964, de mémoire – de son Barbaresco, mais qu'avait vinifiés son père.

Vin de Nebbiolo, le Barbaresco a très souvent, dans sa jeunesse, tout comme le Barolo, des tannins raides, et même agressifs, alors qu'il n'en était rien dans le cas de ces deux très beaux vins âgés d'une vingtaine d'années ; le temps en avait arrondi les tannins et donc patiné la texture. Deux délices.

Ce jour-là, et comme toujours, Gaja, qui parle, même en français, à la vitesse d'une mitrailleuse, était intarissable.

Je l'ai revu par la suite, à quelques reprises, une fois entre autres à je ne sais plus quelle édition de Montréal

Passion Vin, et alors que nous avions entrepris de nous tutoyer.

Bref, c'est quelqu'un que j'admire.

Puis, au cours de ce même voyage en Italie (en 1983), il y eut une tentative ratée de corruption…

En effet, l'un des membres de notre petit groupe de voyageurs se vit alors offrir, un jour, un pot-de-vin (des sous, naturellement), par une coopérative viticole, laquelle espérait obtenir ainsi l'inscription de certains de ses vins au répertoire de la SAQ.

La personne visée était Marcel Allard, de la SAQ, qui, choqué, scandalisé, furieux, raconta la chose publiquement.

UN BOURGUIGNON

Autre personnage du monde du vin que je me permets de tutoyer, et qui lui aussi fait de même : le Bourguignon Grégory Patriat, à la chevelure uniformément grise malgré son jeune âge, 41 ans, d'où le surnom de *Silver Fox* que lui ont donné les Anglais.

« C'est le stress », dit-il simplement pour expliquer tout ce gris.

Fils d'un homme politique français, François Patriat, sénateur socialiste de la Côte d'Or et président du conseil de la région Bourgogne-Franche-Comté, il n'a évidemment pas suivi les traces de son père.

Or, chose qui n'est pas si rare dans le monde du vin, c'est un autodidacte – de grand talent, comparable au Bordelais Stéphane Derenoncourt. Ce qu'il sait, il l'a appris sur le tas, dit-il en substance, mais aussi au contact du Québécois et vinificateur Pascal Marchand.

Et, tout comme Angelo Gaja, c'est quelqu'un que son métier passionne.

Actif dans ce domaine depuis 1995, d'abord comme caviste, c'est-à-dire homme à tout faire dans la cave d'un domaine appartenant aux Hospices de Beaune, il a été, par la suite, ouvrier vigneron (1996 à 1998) au Château de Chorey-lès-Beaune.

« J'étais simple ouvrier dans les vignes, je faisais de tout : tailler, palisser, vendanger », dit-il. (« Palissage : fixation des sarments de vigne sur des fils de fer », note Michel Dovaz dans le *Dictionnaire Hachette du vin*.)

Il devint plus tard chef d'une équipe de 10 vignerons responsable des vignes de la Côte de Nuits du Domaine Leroy (1998 à 2001), lequel compte, comme on sait, parmi les plus prestigieuses propriétés de Bourgogne.

Enfin, depuis le millésime 2002 il est viniculteur – selon le terme qu'il a lui-même créé – de la maison de négoce Jean-Claude Boisset. Celle-ci ne possède pas de vignes, mais achète des fruits de quelque 37 petits vignerons propriétaires de vignes.

Grégory Patriat vinifie ainsi 37 vins différents, d'autant d'appellations.

Il compare sa situation à celle de quelqu'un à qui on aurait prêté une Ferrari! Il y fait tout. Les relations avec les vignerons relèvent de lui; il vinifie aussi les vins et les élève.

C'est encore lui qui, sur le plan international, représente la maison Jean-Claude Boisset, et qui en est donc, pour ainsi dire, l'ambassadeur. D'où ses visites régulières au Québec.

En un sens iconoclaste, il soutenait, en 2013: «Il n'y a pas d'œnologues qui font de grands vins. Ils font des vins carrés et techniques» (cité par le site *Vin Québec* de Marc-André Gagnon).

Qualités qu'il recherche avant tout, «la finesse et l'élégance», révèle-t-il.

Tous les vins qu'il vinifie le sont uniquement avec les levures indigènes, et donc déjà présentes sur les fruits, ce qui en assure l'authenticité.

Enfin, s'il n'en tenait qu'à lui, tous les vins qu'il élabore seraient bouchés avec des capsules à vis (seuls les deux bourgognes génériques, le blanc et le rouge, le sont en ce moment). Parce que, dit-il en substance, le liège fait que très rares sont les bouteilles qui vieillissent de la même façon, à cause de la porosité des bouchons qui varie de l'un à l'autre.

Ainsi, ajoute-t-il, un énorme travail est souvent gâché au bout de quelques années par un bouchon inadéquat.

Au contraire, la capsule à vis assure une évolution similaire de toutes les bouteilles. Au surplus, il en existe quatre modèles, du moins dans le cas des plus connues, fabriquées par Alcan-Péchiney, chacun laissant passer une quantité différente, plus ou moins grande, d'oxygène.

Homme au fond timide, comme il le reconnaît lui-même, Grégory Patriat est pourtant capable, en présentant ses vins signés Jean-Claude Boisset, d'une performance éblouissante, comme ce fut le cas lors de l'édition 2015 de Montréal Passion Vin.

À son avis – et ses vins le montrent –, le négoce bourguignon a grimpé nombre d'échelons sur le plan qualitatif depuis environ le milieu des années 1990, lui-même n'achetant que des fruits de vignes vieilles d'au moins 35 ans.

La Revue du vin de France, qui est le magazine français de référence en ce qui regarde le vin, a décerné à la maison Jean-Claude Boisset, et donc à Grégory Patriat, le prix de Négociant de l'année 2012.

De toutes les appellations bourguignonnes, celle qu'il préfère, de toute évidence pour l'exquise finesse que peuvent atteindre ses vins, est Chambolle-Musigny.

Faut-il le dire ?…

Certains viticulteurs ont l'épiderme on ne peut plus sensible et supportent mal la critique. Il vaut donc mieux, parfois, ne pas rater l'occasion de se taire…

En voici deux exemples, pour en rester à la Bourgogne.

À l'occasion d'une dégustation de plusieurs dizaines de vins, chez un négociant et viticulteur de Bourgogne, il m'est arrivé un jour, en présence du grand patron, de faire remarquer qu'un certain vin blanc, d'une appellation très réputée, était manifestement madérisé…

D'un jaune passablement foncé, il avait ces odeurs et ce goût de pain rassis rappelant les madères, des vins blancs devenus trop vieux.

Le PDG resta poli et, tout en me regardant de travers, me demanda si j'en étais bien sûr – ou quelque chose du genre.

Présent à la dégustation, un œnologue réputé me sourit discrètement, ce que je traduisis de la façon suivante : « Il ne fallait pas le dire… »

Nombre d'années plus tard, cette fois à Montréal, à l'occasion de la dégustation d'une assez large gamme d'un producteur bourguignon, déçu par ses vins (ternes, sans éclat), je gardai le silence.

Je me contentai de lui serrer la main en le remerciant pour la dégustation, et je m'en allai.

J'avais eu ma leçon…

Il arrive même – pour poursuivre sur la même lancée – qu'une trop grande franchise provoque (si je puis dire) une véritable catastrophe.

Je ne me souviens ni de son nom ni du nom du domaine, sinon que cela se passait dans le Languedoc, début 1999.

Notre petit groupe de journalistes québécois était à déguster, à l'extérieur, sur la pelouse, une série de vins de plusieurs producteurs, dont celui de notre hôtesse, elle-même viticultrice.

Son vin à elle me semblait décevant et j'eus la maladresse de lui dire ce que j'en pensais.

Elle fondit en larmes. J'étais, je crois bien, aussi malheureux qu'elle.

Passons…

6

MARCHAND, PIUZE, BACHELDER, CHARTIER

ET LES AUTRES

Le vin a aussi suscité des vocations parmi les Québécois, le plus connu de ceux-ci étant de toute évidence Pascal Marchand, Bourguignon d'adoption, qui a longtemps mené de front une double, sinon une triple carrière! Et cela, aux quatre coins de la planète, pour enfin, en quelque sorte, s'ancrer par la suite encore davantage en Bourgogne.

Né en 1962 et donc âgé maintenant de 55 ans, il est pour ainsi dire venu au monde… avec une goutte de vin sur la langue.

En effet, son père, Jacques Marchand, médecin, est amateur, si bien qu'«à tous les repas il y avait du vin sur la table», écrit Pascal Marchand sur son blogue.

Début des années 1980, à 18 ans, il s'aventure pour la première fois dans les vignes, en Bourgogne, où, avec quatre amis québécois déjà passionnés par le vin, il vendange au Château de Chorey-lès-Beaune, dans l'appellation éponyme. (Là même où, je le rappelle, Grégory Patriat fit lui aussi ses premières armes et travailla comme vigneron.)

Mieux, les propriétaires, la famille de François Germain, les invitent ses amis et lui à travailler au chai – la glace est pour ainsi dire brisée, il se trouve donc à mettre la main à la pâte pour la première fois.

De toute évidence fasciné par le vin et la viticulture, Pascal Marchand retournera en Bourgogne deux ans plus tard, en 1983, et s'inscrit alors au Lycée viticole de Beaune. Il y obtiendra le Brevet professionnel agricole (BPA).

« Quand la chance frappe à ta porte, offre-lui un siège », dit le proverbe chinois.

À l'âge de 22 ans, il se vit offrir, début 1985, par son propriétaire, le comte Armand, le poste de régisseur de son domaine de Pommard, le Clos des Épeneaux. Chance inouïe ! Il accepta, bien sûr.

Petit domaine (5,28 hectares), mais d'une appellation réputée de la Côte de Beaune, le Clos des Épeneaux vendait jusque-là une bonne partie de son vin en vrac au négoce.

Pascal Marchand rectifia le tir, avec un premier millésime, 1985, dont une importante proportion fut embouteillée par le domaine (contre 30 % de la production vendue au négoce), que j'ai goûté et dont j'achetai à l'époque quelques bouteilles.

Le vin portait sa marque. C'était, de mémoire, en effet, un bourgogne richement coloré, dense et aux tannins gras, bien enrobés.

Il restera au Clos des Épeneaux jusqu'à l'été 1999, où il élaborera, en 1996, un Pommard d'anthologie, que le réputé chroniqueur et critique Michel Bettane qualifiera de « référence mondiale du Pinot noir ».

À son départ, le Clos des Épenaux avait doublé de superficie et comptait désormais 11 hectares de vignes, à la suite d'achats de parcelles dans les appellations Volnay, Auxey-Duresses et Meursault.

Débute pour lui, en septembre 1999, une nouvelle aventure.

Il rejoint en effet, à ce moment-là, le tout nouveau Domaine de la Vougeraie, que vient de créer Boisset, le troisième plus important groupe viticole français, lequel réunit une trentaine de marques (Thorin, Bouchard Aîné, Mommessin, Vins Skali, etc.).

Constitué de plusieurs parcelles acquises par la famille Boisset depuis 1964, la Vougeraie dispose de 38 hectares de vignes, répartis sur plus de 27 appellations.

Pascal Marchand y vinifiera tous les vins jusqu'au millésime 2005 inclus, avant de quitter la Vougeraie et de mettre sur pied – toujours en Bourgogne –, en 2006, une petite société de négoce.

Passons sur son activité de consultant... laquelle, jusqu'en 2010, l'a mené en Autriche, dans le Languedoc, au Chili, en Uruguay, en Californie, mais aussi en Ontario, où il supervisa en 1999 la plantation de 60 hectares de vignes dans la péninsule du Niagara pour le compte du Clos Jordanne, etc.

Enfin, il a fondé avec l'Australien Jeff Burch, au début des années 2000, Marchand & Burch, maison qui élabore trois vins en Australie-Occidentale (Pinot noir, Chardonnay et Shiraz) et qui, également, commercialise des vins de Bourgogne sur le marché australien.

C'est finalement en 2010 que sa carrière prit un tournant décisif.

« Le mini-négoce, c'est devenu *ça* », signale-t-il dans un courriel en réponse à plusieurs de mes questions.

Il s'agit de son association avec l'ex-financier ontarien Moray Tawse, qui a donné naissance à la maison de négoce Marchand-Tawse, laquelle a son siège social à Beaune.

Celle-ci – chose dont j'ignorais tout personnellement jusqu'à tout récemment – commercialise quelque 40 crus en vins rouges (Chambertin, Clos Saint-Denis, Bonnes Mares, Morey Saint-Denis, Nuits-

Saint-Georges, etc.), tout en étant en même temps propriétaire de 15 parcelles de vignes dans bon nombre d'appellations en rouge, dont Volnay premier cru Fremiets, Beaune premier cru Clos du Roi, Mazis Chambertin, etc.

Pour les blancs, c'est une quinzaine de vins de négoce qu'offre Marchand-Tawse, avec aussi en propriété des vignes dans deux appellations, soit Savigny-les-Beaune et Puligny-Montrachet.

C'est aussi à ce moment-là, début 2010, que Pascal Marchand a mis fin à son activité de consultant.

Bref, il a fait beaucoup de chemin…

PATRICK PIUZE À CHABLIS

Pour Patrick Piuze, qui exploite sa propre maison de négoce à Chablis depuis le millésime 2008, ce sont des cours sur le vin donnés au Collège Lasalle par le Montréalais Nick Hamilton (bien connu dans le milieu, je le rappelle, entre autres pour les dégustations que tient son club *Les Conseillers du vin*) qui furent le déclencheur.

Mais, ajoute-t-il en substance, c'est en mettant concrètement les mains dans le raisin que sa vocation est née.

Ses premiers pas, de 1995 à 2000, le menèrent d'abord en Australie, chez Mount Langi Ghiran (Victoria), puis en Afrique du Sud (Die Kraus), et ensuite retour en Australie chez Leconfield, dans l'appellation Coonawarra.

Aux trois endroits, il faisait partie du personnel de cave.

Suivirent quatre années, et quatre millésimes (2000 à 2003 inclus), en Bourgogne, chez Olivier Leflaive, propriétaire et négociant de Puligny Montrachet, où, dit-il, «il touchait à tout», tout en s'occupant principalement de la palette de Chablis de cette maison.

Seul en cave, il vinifiait, tout en étant également responsable de l'élevage des vins.

Inscrit à la même époque au Lycée viticole de Beaune, à partir de l'automne 2000, il en ressortit le printemps suivant avec en poche le Brevet professionnel responsable d'exploitation agricole, une formation destinée aux exploitants de petits domaines.

Pour le reste, précise-t-il, c'est «sur le tas» qu'il a appris. Ce qui, dans le cas du millésime 2004, le mena pour une année à Sologny, toujours en Bourgogne, à la Maison Verget, où officie (le très connu) Jean-Marie Guffens.

L'année 2005 marqua un pas décisif dans son cheminement avec son arrivée chez Jean-Marc Brocard, de Chablis, où il succéda, à la demande des fils de ce dernier, à Clotilde Davenne, qui était aux commandes depuis une quinzaine d'années.

Il y vinifia trois millésimes (2005, 2006 et 2007), avant de partir pour fonder – enfin! – sa propre entreprise de négoce.

Processus classique : il achète des raisins à une dizaine de vignerons, parfois aussi, mais exceptionnellement, des moûts, et les vinifie dans ses modestes installations de Chablis, 25, rue Emile-Zola. (J'y suis allé il y a quelques années. Cela ressemble à une grande remise, mais bourrée de fûts – des pièces (228 litres chacune), comme on dit en Bourgogne.)

Son premier millésime fut 2008, année où il produisit pas moins de 15 cuvées différentes.

Patrick Piuze, 45 ans, en est aujourd'hui à 19 cuvées, dont au moins 3 grands crus (Blanchot, Preuses et Le Clos).

Beaucoup de viticulteurs de Chablis, sinon la plupart, élaborent et élèvent leurs vins en cuves d'acier inoxydable – ou cuves inox, comme on dit communément.

Ce qui va fort bien à ces vins délicats, exquis, qui sont une expression tout à fait originale et pour ainsi dire unique du Chardonnay.

D'autres, parmi les plus réputés, entre autres François Raveneau et Vincent Dauvissat, vinifient leurs vins en cuves, l'élevage qui suit se faisant en pièces.

Pour obtenir davantage de «densité» (c'est le mot qu'il utilise), Patrick Piuze, lui, vinifie et élève ses premiers crus et grands crus en pièces, mais des pièces de réemploi de «6 à 14 vins», c'est-à-dire qui ont déjà servi à l'élevage d'autant de millésimes.

Autrement dit, l'apport boisé est ainsi très faible.

Est-il le seul à procéder de la sorte?...

«Je crois que je suis le seul», note-t-il dans un courriel.

Il recourt à la même technique, à chaque millésime, pour l'un ou l'autre de ses Chablis génériques, mais en vinifiant ainsi, sous bois, seulement la moitié du vin.

Enfin, pour obtenir davantage d'extraction, il a abandonné le pressoir pneumatique pour le pressoir mécanique.

Comme beaucoup de producteurs de Bourgogne, il n'a pas de chaîne d'embouteillage, et il confie cette étape des opérations à un camion-embouteilleur, ce qui est une pratique courante.

Son style ? Ses vins sont gras, avec beaucoup d'éclat, certains amateurs jugeant, cependant, qu'ils manquent parfois d'acidité.

De tous les millésimes qu'il a vinifiés jusqu'ici (2008 à 2016 inclus), celui qu'il préfère est 2014. Pourquoi ?

Parce que c'est un millésime doté, à ses yeux, d'une « superbe acidité », comme l'étaient 2008 et 2012.

Mais les peaux des 2008 n'étaient pas suffisamment mûres, alors que celles des 2012 l'étaient un peu trop, signale-t-il.

Bref, il semble bien que 2014 ait été un millésime idéal pour Chablis !

Ce que confirme l'un des plus anciens viticulteurs de Chablis.

« C'est le meilleur millésime que j'aie vinifié en 50 ans », disait en effet pour sa part Michel Laroche, du Domaine d'Henri, lors d'une dégustation, il n'y a pas si longtemps, de ses Chablis premiers crus Fourchaume 2014 Domaine d'Henri, qui sont de toute beauté, à la fois d'une rare distinction, droits, comme on dit, purs et dotés de toute l'acidité souhaitable. (Le Domaine d'Henri a plusieurs parcelles et élabore quatre Fourchaumes différents, l'apport boisé variant de l'un à l'autre.)

Enfin, la production de Patrick Piuze est en moyenne de quelque 12 000 caisses par an, soit environ 144 000 bouteilles.

THOMAS BACHELDER

« Le journalisme mène à tout, pourvu qu'on en sorte », selon l'adage.

Directeur pendant plusieurs années de la défunte revue *La Barrique* (1988 à 1997), et comptant alors également parmi les rédacteurs du magazine de langue anglaise *Wine Tidings*, le Montréalais Thomas Bachelder en est… la preuve vivante.

Il en est sorti, mais graduellement, après notamment des études en œnologie et en viticulture à Beaune, en Bourgogne (1992-1993), où il décrocha cette dernière année, c'est-à-dire en 1993, le Brevet professionnel en œnologie et viticulture.

Il a eu, depuis, un parcours éminemment complexe. D'abord caviste adjoint (1992) chez le négociant bourguignon Maurice Chenu, il travailla alors à l'élaboration de deux douzaines de vins différents d'autant d'appellations, issus des trois domaines appartenant à cette maison bourguignonne, notamment du Domaine de la Créa, à Bligny-lès-Beaune.

Cela, note-t-il, lui permit de se familiariser avec tout ce qui touche l'élaboration des vins. Fermentation, élevage, ce qui comprend, comme on sait, de nombreuses opérations – méchage des fûts afin de les rendre stériles, ouillage, etc.

Toujours en 1992, il vinifia même, pour son propre compte, un vin rouge avec des raisins grappillés (ce qui reste sur la vigne après le passage des vendangeurs) en Côte de Beaune…

Vinifié dans des seaux *made in Canada*, le vin en question fut par la suite élevé dans de très petits fûts, de 57 litres. « J'en ai encore des magnums ! » raconte-t-il.

Condisciple de Luiza Ponzi – la fille du viticulteur Dick Ponzi, de l'Oregon – pendant ses études à Beaune, il aboutit l'année suivante (1993) chez Ponzi, où il exerce la fonction de vinificateur adjoint.

Son parcours, riche de plusieurs étapes, le ramène deux ans plus tard (1995) en Bourgogne, où il occupe au Château Génot-Boulanger, de Meursault, le poste de maître de chai et de responsable des vinifications.

Il y vinifiera, notamment, les 1995, ce domaine d'un peu moins d'une vingtaine d'hectares comptant alors des parcelles dans autant d'appellations, dont Corton-Charlemagne, Clos Vougeot, Pommard, Volnay, etc.

Et encore là, comme chez Chenu et Ponzi, il mit la main à tout ce qui concerne la vigne et les vinifications – choix de la date des vendanges, égrappage (ou pas), etc.

Enfin, étape décisive, il participa en 1999 (et cela jusqu'en 2003) à la mise sur pied, et donc à la création de Lemelson Vineyards, de Carlton, dans la vallée de Willamette (Oregon), dont le premier millésime fut, précisément, 1999.

Son rôle, plus large que jamais, l'amena, entre autres, à choisir les équipements de vinification, à sélectionner les clones, à participer… à l'élaboration du site Internet, mais aussi à vinifier non seulement des vins de Pinot noir, mais également de Pinot gris, de Riesling et de Gamay.

Et c'est là, comme à partir de 2003 au Clos Jordanne, dans la péninsule du Niagara, qu'il comprit l'importance – comme les Cisterciens en Bourgogne il y a des siècles – d'identifier les meilleurs terroirs et, en même temps, d'en assurer la pérennité, explique-t-il en substance.

Au Clos Jordanne, il a également tout fait (2003 à 2010), puisqu'il en a été à la fois le directeur général, le vinificateur et le chef de culture, tout en ayant identifié les quatre terroirs dont s'enorgueillissait ce domaine (aujourd'hui disparu) qui produisait une dizaine de vins différents, de Chardonnay et de Pinot noir.

Sa femme, Mary Delaney, et lui-même bouclèrent la boucle en 2009 par la création de leur maison de négoce – Bachelder –, laquelle élabore aujourd'hui, depuis le millésime 2009, une demi-douzaine de vins en Bourgogne, autant dans la péninsule du Niagara et quatre en Oregon.

Bachelder n'a ni vignes ni chais, et élabore donc ses vins avec des raisins d'achat, de préférence issus de l'agriculture biologique, tout en utilisant, pour les vinifications, les installations de ses fournisseurs.

Car, bien sûr, Thomas Bachelder, grâce à ses multiples pérégrinations, dispose d'un important réseau dans les trois vignobles d'où proviennent ses vins.

« On a produit 5 000 caisses en 2015. Te rends-tu compte ? » m'écrivait-il l'été dernier, par courriel, en réponse à une question.

J'allais oublier…

Il a aussi à peu près tout fait, à partir de 2000, au Domaine Queylus, de l'Ontario, domaine qui appartient à une douzaine de Québécois, dont Champlain Charest, domaine dont il a été le chef de culture, mais également l'œnologue-vinificateur.

Mais, depuis, il a délaissé un certain nombre de ses responsabilités et s'en tient désormais aux vinifications.

Ce n'est pas un petit homme…

Mesurant un peu plus de six pieds et quatre pouces (1,93 mètre), costaud, Thomas Bachelder, 58 ans, fit en réalité sa première vinification en 1985, rue Jeanne-Mance, dans le quartier Mile End à Montréal, avec des moûts concentrés.

Dès l'année suivante, il opta pour des fruits frais, de la Vallée centrale, de Californie, et vinifia ainsi, en amateur, pendant plusieurs années (1986 à 1991).

Pourquoi le vin ?…

Deux raisons, explique-t-il. « Né fou de la France », il y a aussi, ajoute-t-il, le fait d'avoir baigné dans la culture québécoise pour laquelle la nourriture et le vin ont une grande importance.

On peut rappeler, à ce sujet, que c'est à Montréal, selon le magazine américain et très tendance *Q*, que l'on trouve le meilleur pain en Amérique du Nord, mais également les meilleurs restaurants…

FRANÇOIS CHARTIER

François Chartier, sommelier de son métier et désormais négociant en vin, est pour sa part passé de la bière au vin.

Il fut d'abord, en effet, copropriétaire d'un bar de Saint-Jovite, dans les Laurentides, le Bistro du Notaire, qui offrait une large sélection de bières importées.

C'était au milieu des années 1980, et cela dura, raconte-t-il, jusqu'en 1989, au moment où son parcours bifurqua et le mena au vin.

Après avoir suivi cette année-là des cours sur la dégustation – au défunt Centre de dégustation de Montréal, qu'animaient Noël Masseau et Pierre Séguin –, il fit un pas de plus en s'inscrivant, cette fois, à l'École hôtelière des Laurentides, de Sainte-Adèle, où officiait alors le sommelier et auteur Jacques Orhon.

Son diplôme de sommelier en poche, au printemps 1990, il exerça ce métier à partir de cette date dans une demi-douzaine de restaurants, dont les Millésimes, à Gevrey-Chambertin, et le Bistro à Champlain (avril 1994 à juin 1996).

Il eut en même temps un club qui tint pendant 10 ans (1992 à 2002) des repas-dégustations, tout en entreprenant de publier un guide annuel sur le vin, dont la première édition fut en 1996.

Ce guide, appelé *La Sélection Chartier*, parut pendant 16 ans, avec comme 17e édition, en 2013, *500 vins à acheter les yeux fermés*.

Aussi chroniqueur vin à *La Presse* pendant 10 ans (2002 à 2012), sa chronique, à une époque faste aujourd'hui révolue, paraissait tous les samedis en même temps que la mienne et celle, pendant quelques années, de Vincent Marissal. Bref, les lecteurs de *La Presse* avaient alors droit, le même jour, à trois chroniques sur le vin !

C'est toutefois en 2011 qu'il effectua un virage à 180 degrés, avec l'aide décisive de l'œnologue bordelais Pascal Chatonnet, grand spécialiste, soit dit en passant, de tout ce qui concerne ces levures éminemment nuisibles que sont les brettanomyces – la *brett*, comme on les appelle communément –, levures qui communiquent aux vins des odeurs et des goûts d'iode, de sueur de cheval, quand ce n'est pas de m…

Jusque-là sommelier et chroniqueur, François Chartier entreprit alors de se faire négociant et dispose ainsi, à l'heure actuelle, d'un portefeuille de sept vins (appellations contrôlées et vins de pays, ou, selon la nouvelle terminologie, appellations d'origine protégée et appellations géographiques protégées). Dont l'un, à savoir le Fronsac, fait presque uniquement de merlot, souple, tendre, est commercialisé à la SAQ depuis septembre 2016 à titre de produit courant.

Élaborés sous la direction de Pascal Chatonnet et de François Chartier, chez les viticulteurs auxquels ils achètent les raisins, puis embouteillés sur place, tous ces vins sont par la suite mis en marché à la fois au Québec, dans quelques magasins de l'Alberta et en Saskatchewan.

Résultat, Chartier, qui est l'actionnaire unique de sa société, a vendu un peu plus de 11 400 caisses de vins à la SAQ au cours de l'exercice financier 2016-2017.

Autre activité qu'il a mise sur pied, là encore avec Pascal Chatonnet : toujours à titre de négociant, il a six vins de table commercialisés dans les supermarchés IGA, avec plus de 17 000 caisses vendues pendant le même exercice. (Ces vins sont embouteillés au Québec, par la Maison des Futailles.)

Enfin, le Château Frontenac, de Québec, offre quatre autres vins portant sa signature – des exclusivités –, tandis que certains restaurants du groupe de Jérôme Ferrer, de Montréal, font de même avec trois autres cuvées.

François Chartier, 53 ans, n'est pas tombé dans le vin enfant. Mais plutôt, dit-il en substance, en 1987, à l'occasion d'un repas-dégustation au cours duquel le chef, Martin Schmidt, expliquait, en présentant les plats, les raisons faisant qu'il les accompagnait de tel ou tel vin.

« Ç'a été le coup de foudre », souligne-t-il.

PATRICE BRETON...

Né à Ottawa, Patrice Breton, qui fut l'un des fondateurs de Mediagrif, de Longueuil, au milieu des années 1990, s'est pour sa part implanté en Californie.

Ex-vice-président de Mediagrif (cette société Internet fait dans le commerce en ligne) et actionnaire de celle-ci, il la quitta en 2001 pour bientôt fonder son propre domaine viticole en Californie.

Ce qui fut fait en 2003, grâce, notamment, à ce que lui rapporta la vente d'une bonne partie des actions de Mediagrif qu'il détenait – il en possédait 10 % et en a conservé quelque peu, selon ce qu'il confiait à l'été 2016 à Marie-Claude Lortie, de *La Presse*.

Nommée Vice Versa Wines, l'entreprise forme le cœur, si l'on peut dire, de ce que Patrice Breton a bâti en Californie.

Chose courante dans cet État viticole, Vice Versa Wines, qui a ses installations à Santa Helena, dans la vallée de la Napa, élabore sa gamme de 10 vins de Cabernet sauvignon, dont certains très chers, avec des fruits obtenus grâce à des contrats à long terme.

Des vins de parcelles bien précises, un peu comme cela se fait en Bourgogne.

Mais au départ, note Patrice Breton, c'est-à-dire pour son tout premier millésime, soit 2003, sa gamme se réduisait à un seul vin !

« Nous contrôlons la viticulture », écrit dans un courriel le viticulteur au sujet des 8,2 acres de vignes que le domaine a sous contrat.

Chose curieuse, le domaine de Patrice Breton possède lui-même neuf acres de vignes à Santa Helena, mais dont il est tenu de vendre les fruits à un autre producteur auquel il est lié par un contrat à long terme !

Pendant plusieurs années, Patrice Breton s'est partagé entre la Californie et le Québec, pour finalement s'installer là-bas pour de bon, en avril 2013.

La même année, il fondait Apriori Cellar, selon la même formule que Vice Versa Wines : des raisins obtenus grâce à des contrats à long terme, mais cette fois principalement de la vallée de Sonoma, provenant de 26 acres de vignes, avec lesquels cette société élabore 10 vins – de Chardonnay, de Pinot noir et de Sauvignon blanc.

S'y est ajoutée, en 2014, Contrast Cellars, qui produit pour sa part trois vins d'appellation Napa Valley et s'approvisionne, elle aussi, auprès de différents vignerons selon la même formule, avec 20 acres de vignes sous contrat.

Et les terribles feux de l'été 2017, en Californie ? Pour les viticulteurs, il y a eu « plus de peur que de mal », signale Patrice Breton dans un courriel, et seulement « une vingtaine » parmi les quelque 800 viticulteurs que comptent les vallées de Napa et de la Sonoma ont été touchés.

Ses vignes et ses installations personnelles sont indemnes.

Enfin, à l'été 2015, Patrice Breton a fait le saut... au-dessus de l'Atlantique, pour mettre sur pied dans le Languedoc, avec son associé Martin Reyes, les Vins Breton Reyes.

Leur premier vin, un vin de pays du millésime 2014, un Côtes de Thongue, l'a été avec des raisins d'achat provenant d'une coopérative – les Vignerons d'Aligan-du-Vent.

Ce n'est qu'un premier pas, dit en substance Patrice Breton, lui et Martin Reyes projetant de produire d'autres vins en Europe.

Et donc, installé en Californie depuis avril 2013, il y a épousé deux mois plus tard une pharmacienne du Québec, Samantha Saint-Amand. Laquelle, signale-t-il, a plus ou moins mis de côté son ancien métier pour se faire, à son tour, viticultrice...

Il y a en ce moment cinq vins de Patrice Breton en vente au Québec, tous cinq de Californie, dont l'un est disponible en ligne uniquement.

RICARDO

Touche-à-tout qui obtient un franc succès, Ricardo Larrivée, par l'entremise de sa société, Ricardo Media, s'est lancé à son tour dans le vin en 2014, avec comme associé l'agence montréalaise LCC Vins & Spiritueux.

Connue sous le nom de Larrivée Vins du monde, leur coentreprise, qui est un négociant, a en ce moment trois vins sur les rayons de la SAQ : deux d'Afrique du Sud, soit un blanc de Sauvignon blanc et un rouge de Syrah (ou Shiraz), et, finalement, un rouge espagnol d'appellation Jumilla.

L'entreprise est en fait une société de négoce, en ce sens qu'elle n'a pas de vignes et vend sous sa marque des vins achetés à différents viticulteurs.

7

MON VOYAGE VIN LE PLUS FOU

Chroniqueur vin à *La Presse* pendant plus de trois décennies – de l'automne 1982 au printemps 2016 –, j'ai fait au cours de cette période très exactement 60 voyages ayant pour motif le vin.

La plupart d'entre eux consistèrent en visites de vignobles aux quatre coins du globe, d'Allemagne et d'Autriche en passant par la France, l'Italie, l'Espagne, la Grèce, l'Argentine, le Portugal, jusqu'en Afrique du Sud, en Australie, en Californie, en Uruguay, en Nouvelle-Zélande, etc.

Bref, et comme beaucoup d'autres journalistes québécois, et désormais comme certains blogueurs, j'ai pratiquement fait le tour de la planète grâce au vin.

Mais certains de ces voyages n'avaient pour but qu'une ou plusieurs dégustations, comme ce fut le cas à l'hiver 1998, où je pus déguster, en Californie, avec quelques dizaines d'autres invités, très exactement, de mémoire, les 78 vins rouges de Cabernet sauvignon qu'avait élaborés la maison Diamond Creek, de Calistoga, depuis sa fondation en 1968.

Magique, car les vins de Diamond Creek, complexes, solides, mais jamais lourds, vieillissent admirablement, comme d'ailleurs beaucoup de vins californiens dans lesquels domine le Cabernet sauvignon.

Il y avait à ce rendez-vous exceptionnel des dégustateurs venus d'un peu partout, dont Serena Sutcliffe, d'Angleterre, et Michel Bettane, de France, et du Québec Champlain Charest, qui se passe lui aussi de présentation, et sa conjointe, Monique Nadeau, et moi-même.

Réparties sur trois jours, les dégustations se déroulaient dans des restaurants, dont le célèbre The French Laundry, tout cela grâce à un grand amateur – et riche –, l'ingénieur aéronautique Bipin Desai, d'origine tibétaine, car c'est de sa cave que provenaient tous les vins. (Le même Bipin Desai avait tenu précédemment, entre autres, une dégustation de plusieurs dizaines de millésimes du Château Margaux, dégustation à laquelle participa alors Michel Phaneuf.)

Fondée par feu Al Brounstein et sa femme, Boots, Diamond Creek élabore trois cuvées (Gravelly Meadow, Red Rock Terrace et Volcanic Hill), plus une cuvée confidentielle provenant d'une autre parcelle, nommée Lake, dans les millésimes jugés exceptionnels.

À l'époque la plus faste, soit grosso modo de 1985 à 1998, les voyages vin à l'invitation des services commerciaux de pays producteurs se faisaient presque toujours en classe affaires.

Chose sage en ce qui regarde des pays lointains comme l'Australie et l'Afrique du Sud, puisqu'il faut compter, pour s'y rendre, quelque 20 heures d'avion, de sorte qu'on y arrive complètement exténués, ne serait-ce qu'à cause du stress – conscient ou inconscient – qui marque tout déplacement par avion. Mais cela eut une fin et, par la suite, c'est en classe économique que voyagèrent les journalistes.

On peut dire, en gros… et le sourire aux lèvres, qu'il existe deux sortes de voyages vin.

D'abord, les voyages déments, c'est-à-dire ceux dont les organisateurs ont multiplié indûment le nombre de visites de domaines, jusqu'à cinq ou six par jour, débutant très tôt le matin, vers les 9 heures, et s'achevant vers les 22 ou 23 heures.

En pareil cas, le nombre de vins dégustés (et crachés systématiquement) peut atteindre aisément 80 par jour. Le tout, généralement, sans même un temps de repos dans la journée. Résultat, on en sort, tous les jours, sur les genoux…

Pour ce qui est des voyages qu'on peut qualifier d'intelligents, le nombre de visites est limité à (plus ou moins) trois par jour, avec au total environ une quarantaine de vins dégustés, mais également crachés. En pareil cas, un moment de repos est prévu en fin d'après-midi, avant le repas du soir qui est pris, bien souvent, en compagnie d'un viticulteur.

EN AUSTRALIE

Le plus fou (c'est le terme adéquat) et donc le plus épuisant des voyages du genre que j'aie faits personnellement m'amena en Australie, en novembre 1986.

Le voyage lui-même, en classe affaires, dura, avec les escales et les battements entre les correspondances, une trentaine d'heures, dont 21 d'avion.

D'abord, Montréal-Los Angeles, puis Los Angeles-Honolulu sur Quantas, et enfin Honolulu-Sydney, toujours sur Quantas, compagnie qui sert, soit dit en passant, des jus de fruits tout à fait mémorables.

À la descente d'avion, à Sydney – à cause des canaux semi-circulaires de l'oreille qui assurent l'équilibre, mais que ces multiples heures de vol perturbent grandement –, je marchais… en zigzaguant, quoique je n'étais aucunement ivre.

Nous étions quatre dans ce bateau : Tony Aspler, de Toronto, Joel Butler, des États-Unis et qui allait devenir en 1990 le premier Américain à décrocher le titre de Master of Wine, John Schriner, de Vancouver, et moi-même.

Nous fûmes accueillis à l'aéroport par celui qui allait nous servir de guide pour quelques jours seulement, un Néo-Zélandais d'une quarantaine d'années, grand, solidement bâti, mais dont j'ai oublié le nom.

Premier choc, dans l'auto qui nous menait au centre-ville de Sydney : l'accent néo-zélandais est à ce point marqué et différent de l'accent nord-américain que je ne comprenais que deux ou trois mots sur les dix qui sortaient de la bouche de notre premier guide. De langue maternelle anglaise, les trois autres n'avaient visiblement pas ce problème… J'étais non pas atterré, mais inquiet. Qu'allait-il se passer si, tout le temps du voyage, je ne comprenais pas la moitié de ce qui se disait ?

Le guide nous déposa à l'hôtel situé dans un coin tranquille de Sydney, qui ressemblait davantage à un quartier de petite ville qu'à un quartier de cette grande ville d'Australie.

Sitôt dans la chambre, j'allumai la télé. À cause des publicités (du genre Coca-Cola), mais également de l'émission en cours – un feuilleton américain, de mémoire – et de l'accent familier des personnages, j'avais l'impression d'avoir atterri… à Toronto.

Nous avions l'après-midi de libre, histoire de refaire nos forces, et je sortis bientôt, à la recherche d'opales

– des pierres semi-précieuses dont l'Australie est le principal producteur –, afin d'honorer la commande que m'avaient passée ma femme et mes filles.

Surprise, en entrant dans une bijouterie, je tombai sur une Française installée là-bas et qui avait vécu au Québec!

« Vous verrez, me dit-elle, les Australiens ressemblent beaucoup aux Québécois. »

Ce qui est vrai, comme je pus le constater par la suite. Ils sont, oui, comme nous, d'un abord facile, règle générale sans prétention et aimables, avec un côté, dirais-je, un peu provincial, d'insulaires. Ce qui n'est pas sans rappeler notre situation comme Québécois, notre langue faisant de nous en Amérique du Nord, sur le plan linguistique, quelque chose comme, justement, des *insulaires*.

Mais, problème, l'anglais d'Australie est marqué par un accent très appuyé, et avec lequel je mis plusieurs jours à me familiariser.

« *Godail!* » disent-ils, comme dans « aille », pour « *good day* ».

Ce qui se passa en soirée, ce premier jour de notre arrivée sur cette île, qui est aussi un continent, est un bon exemple de la difficulté qu'on a à les comprendre, du moins au début.

C'était notre première dégustation, dans un restaurant de la Hunter Valley, au nord de Sydney, avec un producteur de la région dont je tairai le nom, afin d'éviter tout incident diplomatique.

Pendant le repas qui suivit, à un moment, il me posa une question – en anglais, bien sûr – que je ne compris absolument pas, à cause de son accent. C'était, je le répète, le jour de notre arrivée, j'étais toujours passablement sonné et l'accent australien me semblait encore en grande partie indéchiffrable.

Je ne pus que prononcer, en réponse, un seul mot : « *What ?* »

Il répéta sa question à deux ou trois reprises, l'air de plus en plus vexé que je ne saisisse pas. Je finis par comprendre…

Il me disait quelque chose comme ceci : « *How about a blowsy blonde for the night ?* »

Il m'offrait une prostituée pour la nuit… J'avais compris.

Je refusai en riant, et l'incident fut clos.

Dès le lendemain matin, la tournée commença pour de bon, sur les chapeaux de roues. En auto, en avion, en hélicoptère, nous visitâmes toutes les régions viticoles d'Australie – Hunter Valley, Victoria, McLaren Vale, Coonawarra, Barossa Valley, etc. –, à l'exception des vignobles d'Australie de l'Ouest, tel Margaret River, qui sont à peu près aussi distants de Sydney que Vancouver de Montréal.

Les visites, très nombreuses, se succédaient sans interruption.

À l'époque, il y a eu 30 ans de cela en 2016, les vins australiens étaient inconnus sur notre marché, et je les découvrais avec le plus grand plaisir.

J'appréciais alors vivement les vins rouges très colorés, concentrés, denses, au fruité éclatant, et nombre de vins australiens correspondaient parfaitement à cette description. Et, donc, je me régalais.

Exemple ultime, de mémoire, bien que je ne me souvienne absolument pas de quel millésime il était: un vin de Shiraz (c'est, comme on sait, le nom que les Australiens donnent à la Syrah), issu d'une vigne très exactement centenaire, noir comme la nuit, puissant, compact, de Château Tabilk de la Barossa Valley.

Oui, je me régalais…

Sauf que les visites étaient si nombreuses, sans jamais de pauses, que, résultat, nous finîmes tous quatre par être abattus, au point que nous restions muets en présence des viticulteurs. Chose, faut-il dire, fort impolie, mais nous n'y pouvions rien.

Morts de fatigue, silencieux, nous nous contentions de déguster, sans mot dire…

Incident que je n'oublierai jamais : on affréta à un moment, à notre intention, un petit avion d'environ huit places, qui devait nous mener d'Adélaïde (Australie du Sud) jusqu'au sud de cet État, dans l'appellation Coonawarra.

Or, très tôt après le décollage, l'avion entra dans une zone de fortes turbulences, qui ne semblaient pas vouloir finir.

L'avion, qui ne volait pas très haut – nous survolions les nombreuses collines pelées qui se succèdent au sud d'Adelaïde –, était très durement secoué, de sorte que nos porte-documents volaient comme des oiseaux à travers la cabine, projectiles dont nous nous protégions avec les bras tant bien que mal.

Cela dura, dura, et, par chance (oui !), le pilote réussit enfin à poser l'appareil sur le petit aéroport de brousse – nous étions arrivés à destination.

Nous descendîmes de l'avion, le pilote fit de même.

« *It was a rough one* », lança-t-il, blanc comme un linge.

Nous en eûmes le souffle coupé, car, jusque-là, nous n'avions pas vraiment réalisé à quel danger nous venions d'échapper.

Les visites terminées, nous devions revenir dans le même avion, mais l'un d'entre nous – Joel Butler, l'Américain – avait eu si peur qu'il préféra, pour sa part, se rendre dans la ville la plus proche, où il loua une voiture et rentra ainsi, par lui-même, à Adelaïde.

Autrement dit, c'était le seul de nous quatre à avoir pris vraiment la mesure de ce qui s'était passé à l'aller…

John, Tony et moi-même reprîmes l'avion, et, cette fois, nous eûmes droit à un vol sans histoire.

Autre souvenir inoubliable, toujours pour ce qui est du même voyage en Australie : un déjeuner champêtre, c'est-à-dire à l'extérieur, près des vignes et d'un de ces plans d'eau (pour l'irrigation) qu'on trouve fréquemment là-bas à proximité des vignobles, car le climat est très sec, très chaud, et les vignes ne pourraient survivre sans irrigation.

Nous étions ce jour-là dans la Barossa Valley. Bien installés autour de la table de pique-nique, nos hôtes, de la maison Wyndham, nous expliquaient qu'on trouve dans leur pays plus d'espèces de serpents venimeux que partout ailleurs. Et que l'un de ceux-ci, de taille imposante, avait été aperçu récemment près du plan d'eau voisin.

C'était, justement, la raison de la présence – ils venaient d'arriver – de deux salariés de Wyndham, chaussés de bottes de cowboy (par crainte des morsures de serpent), le fusil de chasse de calibre 12 sous le bras et qui se dirigeaient, précisément, vers ledit plan d'eau. Histoire de voir s'ils ne pouvaient pas dénicher le fameux reptile.

Nous les avions oubliés quand retentit un puissant coup de feu et, tournant vivement la tête, nous aperçûmes un énorme serpent, long sans doute de plus d'un mètre, et gros comme le poignet, catapulté par le projectile dans les airs à une hauteur de deux ou trois mètres.

Le problème était réglé, le personnel pourrait s'approcher désormais du plan d'eau sans crainte.

N'empêche, je garde quelques beaux souvenirs de ce voyage… Notamment ce geste d'un des producteurs les plus réputés – du moins à l'époque –, Brian Croser, de Petaluma Wines, non loin d'Adelaïde. Lequel, après une dégustation de plusieurs vins, déboucha un Nuits-Saint-Georges de je ne sais plus quel domaine et de quel millésime.

« *It replaces things* », fit-il remarquer, ce qu'on pourrait traduire par « cela remet les pendules à l'heure ».

Il voulait manifestement dire par là que l'Australie pouvait difficilement faire d'aussi beaux vins de Pinot noir que la Bourgogne.

Enfin, il faut s'incliner devant les vins blancs de Sémillon de New South Wales, denses, concentrés, et qui vieillissent admirablement, tout en prenant avec l'âge des allures de vins de Chenin blanc de la Loire, du genre Savennières, parvenus à leur apogée.

Voilà donc pour ce premier voyage en Australie, où je retournai beaucoup plus tard (en avril 2003), mais seul cette fois.

LE DOURO

Les souvenirs affluent, pêle-mêle, tandis que je consulte les deux feuilles jaunies sur lesquelles j'ai établi la liste des 60 voyages vin que j'ai eu le bonheur de faire au cours de toutes ces années d'écriture sur le sujet.

Je me revois, ainsi, dans une petite embarcation, au milieu du Douro, alors d'un calme plat, le Douro étant le fleuve qui a donné son nom à l'époustouflant vignoble d'où vient le porto (fleuve qui prend le nom de Duero une fois franchie la frontière avec l'Espagne).

Un vignoble tout en terrasses créées de main d'homme et qui recouvrent entièrement, à perte de vue, comme des escaliers géants, les montagnes entre lesquelles est encaissé le fleuve. À couper le souffle !

C'était ce spectacle inoubliable que, de la barque, nous étions à même de contempler.

Autre caractéristique de ce vignoble : on n'y voit que très peu d'habitations, la paix, le silence règnent, on dirait parfois qu'il n'est habité que par les oiseaux de proie qui, là-haut, se laissent dériver au gré du vent.

Est-ce le plus beau vignoble sur terre ?...

À mes yeux, oui, même si je garde un souvenir ému de certains vignobles très escarpés d'Allemagne, ou d'autres de Toscane observés du perchoir qu'est le village de Montalcino. Et d'une telle beauté dans ce dernier cas qu'on peut parfois y surprendre un visiteur, sur un des bancs qui occupent le bout de la falaise, les contemplant les larmes aux yeux. (En 1988, j'ai vu à cet endroit, émue jusqu'aux larmes, une femme, une Montréalaise, chroniqueuse vin de langue anglaise. Silencieuse, elle regardait et pleurait.)

Autrement dit, et même si on n'aime que très peu le porto, un voyage dans le Douro, où je suis allé pour ma part à quatre reprises, est inoubliable. On ne peut qu'aimer.

Mais, au fond, ce que je garde surtout en mémoire, personnellement, de tous ces voyages – comme pour ce qui est de l'Australie –, ce sont des *moments*.

Exemple, en novembre 1989, un souper (le dîner, comme disent nos amis français) à l'auberge Les Clos, à Chablis, un établissement réputé pour sa cuisine et où étaient réunis ce soir-là, autour d'une très grande table, quelque chose comme une trentaine de personnes, surtout des viticulteurs, tous de Chablis, et un petit groupe de journalistes québécois, dont j'étais.

Bien sûr, nous dégustions tout en mangeant, et chaque viticulteur – dont Lyne Marchive, du Domaine des Malandes, Jean-Marc Brocard, de la maison du même nom, et William Fèvre, qui a par la suite vendu sa marque – se fit alors un point d'honneur de servir ce qu'il avait de mieux. Afin, naturellement, de défendre ses couleurs tant aux yeux des autres viticulteurs que de notre groupe de journalistes.

Nous étions éblouis par les vins, d'une rare complexité, bien que je n'aie pas de souvenirs précis des vins goûtés et bus ce soir-là, sinon que le plus ancien était un 1955, lequel avait fort bien tenu.

Homme aux cheveux blancs, pugnace, aux propos mordants, William Fèvre boisait énormément ses Chablis en ce temps-là, si bien que quelqu'un d'autre, ce soir-là, dit à la blague que c'était «le plus grand *boiseur* de Chablis».

Piqué au vif, William Fèvre quitta la table et l'auberge sans un mot, mais… revint un peu plus tard avec des bouteilles de je ne sais plus quel premier cru du millésime 1976. Non boisé, comme on s'en rendit compte à la dégustation, et absolument superbe.

Autre merveilleux souvenir, une dégustation au Domaine de la Romanée-Conti, en Bourgogne, où… n'entre pas qui veut, au printemps 1999.

Notre groupe de journalistes (Claude Langlois, Malcom Anderson, de *The Gazette*, et moi-même) était reçu par le maître du domaine, Aubert de Villaine, qui, les rouges encore en pièces et en cours d'élevage dégustés – ses 1998, de mémoire –, annonça qu'il allait servir un «petit blanc» – c'étaient ses mots – pour que nous puissions nous refaire la bouche.

C'était le Montrachet du domaine !

C'est également en Bourgogne qu'un petit groupe formé de Jean Aubry, Marc Chapleau, Claude Langlois et moi-même, mais cette fois en mars 1996, soit quelques années plus tôt, eut le bonheur de prendre part à ce qui reste l'une des plus grandes dégustations, sinon la plus grande et donc la plus mémorable de notre vie. (J'écris de «notre vie» à dessein, car, connaissant très bien Aubry, Chapleau et Langlois, je sais que nous en pensons tous quatre la même chose, pour en avoir parlé ensemble à de nombreuses reprises.)

C'était pendant les Grands Jours de Bourgogne, événement que tient la Bourgogne tous les deux ans et qui, d'un village à l'autre, permet aux centaines de participants de déguster, pendant une semaine, des milliers de vins d'un même millésime.

Il y avait au programme, ce jour-là, une visite du Mâconnais, mais l'un de nous – Marc Chapleau, pour ne pas le nommer – se mit en tête de nous ouvrir les portes d'une des propriétés les plus fermées de Bourgogne, à savoir le Domaine Leroy. Lequel appartient à madame Lalou Bize-Leroy, également copropriétaire du Domaine de la Romanée-Conti, mais qui (c'est un secret de Polichinelle) est brouillée depuis plusieurs années avec Aubert de Villaine.

Succès, et nous fûmes reçus, dans le chai d'élevage, non pas par Lalou Bize-Leroy, mais, de mémoire, par un responsable de la communication de ce domaine dont les vins, comme on sait, sont vendus à des prix ahurissants et défiant l'entendement.

Les vins dégustés, en cours d'élevage et donc prélevés dans les pièces à la pipette, étaient tous des 1995.

Il y en avait, si je me souviens bien, très exactement 17, tous des crus différents avec le Richebourg comme dernier vin et point d'orgue. Très colorés, denses, dotés de tannins gras, les vins étaient extraordinaires, d'une pureté de fruit éblouissante.

Nous goûtâmes ainsi l'un après l'autre les trois crus différents de Nuits-Saint-Georges du Domaine Leroy, lesquels sont dotés à ce point de caractère, de personnalité peut-on dire, qu'on percevait très nettement les différences de l'un à l'autre.

Quant au Richebourg, il nous laissa sur une note grandiose. Un vin plein, joufflu, éclatant et d'un équilibre parfait.

Bref, les soins infinis que met ce domaine dans la culture de ses vignes (elles sont cultivées en biodynamie), ses rendements restreints, etc., parlaient ce jour-là d'abondance.

Nous étions les invités de la Bourgogne et de la Sopexa (une société qui était mixte – État français et intérêts privés – à ce moment-là) et notre escapade fut découverte, si bien que la représentante new-yorkaise de la Sopexa nous enguirlanda pour ne pas avoir mis les pieds dans le Mâconnais ce jour-là.

Il y a de beaux vins dans le Mâconnais, notamment d'appellation Pouilly-Fuissé, mais rien de tel que les vins de Leroy...

UNE DÉGUSTATION RATÉE...

Il arrive, mais rarement, heureusement, qu'une dégustation se voulant prestigieuse soit tout à fait ratée.

Ce fut le cas, en mars 1992, à Londres, pour ce qui est de la grande dégustation de portos millésimés, ou vintages, comme on dit couramment, que tint la maison Taylor Fladgate afin de saluer son bicentenaire.

Les invités, venus d'un peu partout sur la planète, devaient être au moins une centaine, et j'y étais, ainsi d'ailleurs que Michel Phaneuf.

La dégustation réunissait plusieurs dizaines de millésimes, une cinquantaine, de mémoire, dont certains du 19e siècle.

Or, naturellement, il avait fallu décanter tous ces vins, car, comme on sait, les vintages âgés, des vins qui n'ont jamais été filtrés, renferment un lourd dépôt, comparable à des confitures de bleuets, que soit dit en passant, le défunt sommelier Jules Roiseux tartinait, précisément, comme de la confiture, sur ses rôties. « C'est délicieux », disait-il.

Les verres, innombrables, couvraient les tables de la grande salle où allait se tenir la dégustation et, pour éviter que les bouquets *fuient*, si je puis dire, on les avait tous recouverts de petits cartons.

J'ignore pendant combien de temps les vins restèrent ainsi, dans l'attente de l'ouverture de la dégustation, sans doute trop, toujours est-il que les bouquets semblaient tous – du moins me semblaient – à peu près identiques, et tous dotés d'une note rappelant, justement... le carton.

Autre dégustation mémorable, en 1984, celle-là très réussie, où furent dégustés 13 millésimes du Pauillac premier grand cru classé Château Latour, 1918 étant alors le vin le plus âgé et 1981, le plus jeune.

Les prix des premiers grands crus classés du Bordelais étant devenus ahurissants, soit plus de 1 000 $ la bouteille quand ce n'est pas 1 200 $ ou 1 500 $, pareille dégustation est devenue aujourd'hui à peu près impossible.

Le 1918, sans être mort, était plutôt déclinant, mais tous les autres millésimes, remarquables.

J'ai encore parfaitement en mémoire deux millésimes qui me semblèrent alors les plus convaincants, les deux quasi noirs comme la nuit, très concentrés, d'une ampleur majestueuse et qui paraissaient avoir à peu près le même âge : à savoir 1945 et 1961.

Mais il y avait aussi 1947, 1953, 1955, 1958, 1959, 1966, 1967, 1970, 1975 et enfin 1981, me rappelle Nick Hamilton alors que je ne sais trop... où sont passées mes notes sur cette dégustation.

Dégustation à ce point éblouissante que l'un d'entre nous, Richard Charbonneau, alors représentant d'une agence montréalaise (Herdt & Charton), en oublia à un moment… où il se trouvait !

« Où est-ce qu'on est ? » demanda-t-il soudain, l'air ébahi, en relevant la tête et en regardant autour de lui.

La même année, les organisateurs de la verticale de Château Latour – l'avocat Mario Bouchard, d'Ottawa, qui avait acheté ces vins à Londres, et le Montréalais Nick Hamilton – tinrent pas moins de deux verticales du Pauillac premier grand cru classé Château Lafite Rothschild.

Dans chacune de ces verticales figuraient 12 millésimes de ce vin, lequel, comme le Château Latour, coûte aujourd'hui les yeux de la tête.

J'assistai à celle mettant en vedette, entre autres, les millésimes 1959 et 1961 qui sont ceux que j'ai encore gravés en mémoire.

Michel Bettane et Thierry Desseauve soutiennent depuis toujours que le 1959 du Château Lafite Rothschild surpasse le 1961, quoique ce dernier millésime soit unanimement considéré (je le rappelle) comme le plus grand qu'ait produit Bordeaux au 20e siècle.

À mon avis, ils ont raison, le 1959, d'une puissance incroyable, et, peut-on croire, atypique pour cette raison

– la puissance étant loin d'être la principale caractéristique de ce vin, réputé avant tout pour sa grâce, son élégance –, a un petit quelque chose de plus que le somptueux 1961.

Je pus participer l'année suivante, plus précisément en octobre 1985, à une verticale du Pomerol Château Pétrus, soit de 11 millésimes, avec comme seul souvenir précis le 1964, qui fut le premier millésime de ce vin que vinifia le réputé Jean-Claude Berrouet, aujourd'hui retraité. (Verticale qu'organisa le magazine *Vins et Vignes*, peut-on ajouter.)

Berrouet, ai-je déjà lu, disait que si la chose avait été à refaire, son 1964 aurait été moins concentré.

Quoi qu'il en soit, il était tout bonnement magnifique, très concentré, oui, serré, et en même temps d'un équilibre parfait.

Autre splendide Château Pétrus dégusté dans des circonstances étranges, le 1975, au Bistro à Champlain, après une verticale du Sauternes Château d'Yquem, qu'anima ce soir-là son propriétaire du temps, le comte Alexandre de Lur Saluces.

Le souvenir que je garde de ces millésimes du Château d'Yquem est, puis-je dire, un souvenir d'ensemble qui évoque des vins très complexes, équilibrés, très longs en bouche, mais je n'en ai aucun de précis en mémoire.

La dégustation terminée, mon collègue Claude Langlois et moi nous apprêtions à repartir (nous étions venus dans ma voiture, une Honda Accord) quand Monique Nadeau, la patronne, nous demanda si nous étions curieux de déguster le 1975 de Château Pétrus.

Vous devinez notre réponse…

En fait, c'était quelque chose comme le quart d'une bouteille de ce vin qu'un jeune client et sa compagne avaient commandée et abandonnée ainsi sur la table sans la vider… (C'était le fils d'un riche Torontois ayant fait fortune dans l'immobilier et qui était venu de Toronto jusqu'à Montréal en hélicoptère, avec sa copine, à seule fin d'aller souper au Bistro à Champlain.)

Millésime ingrat, très tannique, et qu'on a beaucoup critiqué, tel a toujours été 1975.

Or, le Château Pétrus 1975, lui, était splendide. Dense, sans la concentration du 1964, mais bien en chair, complexe et avec des tannins gras. Soit le plus beau 1975 que j'aie dégusté de ma vie, avec, grâce à Henry Wojcik, le Moulis 1975 Château Chasse-Spleen, compact, sérieux, ferme, mais sans dureté, «particulièrement réussi en 1975», disait-il.

Le Château Pétrus 1975 dégusté, le comte de Lur Saluces, qui était venu au Bistro à Champlain, dans les Laurentides, je ne sais comment, regagna Montréal avec nous, en Honda.

Il s'installa à l'avant à ma suggestion, et nous fîmes la conversation avec lui tout en roulant, quoique je ne me souvienne pas du tout de quoi il fut question. Sans doute de son glorieux Sauternes et d'autres vins…

Je le déposai là où il allait, au Ritz-Carlton, rue Sherbrooke Ouest.

Et puis, grâce à l'agence Vinifera, d'Édith Robillard et Pierre Séguin, j'ai eu le bonheur de participer à quelque chose comme 8 à 10 verticales de tous les vins du Domaine de la Romanée-Conti, et donc d'autant de millésimes – les vins de ce domaine, tous des grands crus, étant vendus, il faut le rappeler, uniquement en caisses panachées.

Chacune contient donc, normalement (cela peut changer selon les millésimes), deux bouteilles d'Échezeaux, deux de Grands Échezeaux, deux de Romanée Saint-Vivant, deux de Richebourg, trois de La Tâche et une de Romanée-Conti.

Deux souvenirs inoubliables : la Romanée-Conti 1990, aux tannins de soie, d'une exquise élégance, goûté à deux reprises (à la verticale, et plus tard à une autre occasion), et le même vin du millésime 1992, lui aussi goûté deux fois.

La seconde bouteille du 1992 était alors, de toute évidence, à son apogée, complexe, et, en bouche, comme un mélange de soie et de velours.

«On peut facilement passer à côté», a déjà dit avec raison Michel Phaneuf au sujet de la Romanée-Conti 1990, tant ce vin, d'un certain point de vue, pouvait sembler, du moins à l'époque… léger, délicat, malgré ses tannins à la fois soyeux et très serrés.

8

AFRIQUE DU SUD
ET AUTRICHE

C'est, si je puis dire, un souvenir d'ordre politique, et qui n'a rien à voir avec le vin, sinon indirectement.

Cela se passait en mars 1994, en Afrique du Sud, où je mettais les pieds pour la première fois, à l'invitation de ce pays et en compagnie d'un représentant d'une grande agence pancanadienne, à savoir Louis Boisclair (depuis, celui-ci a fondé sa propre agence, LBV International).

À ce moment-là, l'apartheid avait pris fin, l'Afrique du Sud était revenue, disait-on, dans le concert des nations et on était à quelques mois des élections générales qui allaient porter l'African National Congress (ANC), de Nelson Mandela, au pouvoir.

Nous allions, Louis Boisclair et moi, d'un chai et d'un domaine à l'autre, nous dégustions, discutions longuement avec les viticulteurs ; c'était, en apparence, *business as usual*. L'Afrique du Sud ne s'apprêtait-elle pas à se lancer enfin à la conquête des marchés étrangers, dont celui du Québec, à la suite de l'abolition de l'apartheid?

À certains signes, indéfinissables, nous sentions néanmoins que l'atmosphère était particulière, qu'il y avait, chez tous, certaines arrière-pensées. Autrement dit, quelque chose clochait, mais on ignorait quoi.

Quelqu'un, je ne sais plus trop qui, finit par nous expliquer ce qui en retournait.

Tous les viticulteurs, tous des Blancs, avaient en effet expédié femmes et enfants à l'étranger depuis déjà un bon moment, notamment en Angleterre, car, malgré la fin de l'apartheid dans ce pays où les Blancs comptent pour environ seulement 10% de la population, tous craignaient que les élections ne soient l'occasion d'un bain de sang.

Les femmes et les enfants étaient donc, eux, à l'abri.

Il n'y eut pas de bain sang. Grâce à Dieu, grâce à ce grand homme qu'était Nelson Mandela.

LA DÉCOUVERTE DE L'AUTRICHE VITICOLE

Deux fois, les deux en juin, en 1998 et en 2000, je suis allé en Autriche.

C'est, dans ce cas, un souvenir on ne peut plus heureux.

D'abord, parce que Vienne, sans être une très grande ville, est très belle, d'une rare élégance, une élégance qui n'est pas sans rappeler Mozart, lequel y règne, sous la forme d'une sculpture à son effigie, dans un beau parc du centre-ville.

Or, avant d'y aller, je ne connaissais absolument rien – je veux dire concrètement – des vins autrichiens, je n'en avais donc jamais goûté puisqu'il n'y en avait pas sur notre marché.

Par divers documents, je savais néanmoins que l'Autriche avait la réputation de faire de très bons vins blancs, de Riesling et de Grüner veltliner, qui est un cépage local.

Au surplus, j'avais la liste des producteurs autrichiens de vins de Riesling que le *Wine Spectator* affirmait être les meilleurs.

Le menu de ces deux voyages comportait entre autres une visite-dégustation du salon (il se tenait dans je ne sais plus quel palais de Vienne) où des dizaines et des dizaines de viticulteurs, installés à autant de stands, faisaient déguster leurs vins.

La liste dressée par le magazine américain était exacte. Beaucoup de vins de Riesling, à la fois délicats, très fins, très secs, étaient magnifiques, comme on était à même de le constater à cette occasion.

Particulièrement ceux où le Riesling autrichien excelle, à savoir dans son vignoble de Wachau.

Autre surprise : il y a de très beaux vins de Grüner veltliner, ceux-ci n'ayant cependant pas la distinction des vins de Riesling, mais il y a également des Grüner veltliner moelleux, sucrés, et qui vieillissent très bien.

Il y eut aussi, lors du premier de ces voyages, une dégustation de vins rouges de cépages bordelais, autrichiens et d'ailleurs, dont certains grands bordeaux.

Les vins d'Autriche – je l'écris de mémoire – tenaient leur place et n'avaient donc pas l'air ridicule du tout.

Seul hic : les meilleurs vins de Riesling autrichiens sont très chers, et la demande intérieure est suffisamment importante pour que les viticulteurs ne se soucient pas véritablement de les faire connaître à l'étranger. Dommage.

9

LES VINS QUE J'AIME

BORDEAUX, BOURGOGNE, ETC.

Comme quantité d'amateurs québécois, mes premiers pas dans ce merveilleux monde du vin m'ont mené, bien sûr, à Bordeaux.

Bordeaux qui est multiple, qui compte 6 800 domaines différents, et dont les vins, avant tout les rouges, vont des plus simples aux plus complexes, dont certains susceptibles de tenir la route deux, trois quand ce n'est pas quatre décennies ou davantage.

Je me souviens ainsi, au cours de je ne sais plus quel voyage là-bas, d'avoir dégusté, à l'aveugle, un vin que tous les dégustateurs présents, dont moi-même, pensaient âgé tout au plus d'une vingtaine d'années.

C'était un 1937, mais sans que je me souvienne de quel vin il s'agissait.

«Quand les vins ont bien tenu, on peut se tromper facilement d'une trentaine d'années», fit alors observer notre hôte.

C'était précisément le cas...

Bordeaux? J'y reviens constamment, surtout, dirais-je, les jours de vague à l'âme où je me demande ce que je pourrais bien déboucher, sans trop savoir ce dont j'ai envie. Autrement dit, c'est une valeur sûre, qui est au vin ce qu'est une demeure familière. *Home sweet home*, comme on dit.

Les seuls autres vins rouges qui m'amèneraient à choisir s'il fallait vraiment choisir (ce n'est pas le cas, heureusement) sont les bourgognes.

Rien là de très exceptionnel puisque mon cheminement en matière de vin est tout à fait identique à celui de multiples amateurs d'ici.

Dans les années 1970 et même encore au début des années 1980, au moment où, personnellement, je commençais à m'intéresser véritablement au vin, le bourgogne n'avait pas très bonne presse. Les amateurs d'un certain âge se souviendront ainsi de cet ouvrage, très critique, intitulé simplement *Burgundy*, de l'auteur et *master of wine* anglais Anthony Hanson.

Les vins étaient jugés inconstants, souvent faiblards, dilués, minces, et même certains marqués par ces arômes détestables, du genre cheval en sueur, dus à la fameuse *brett*.

Puis, graduellement, tout a changé. La Bourgogne s'est refait une virginité (si l'on peut dire), de grands vignerons tels le célèbre Henri Jayer ou encore Armand Rousseau, la famille Roumier, se sont imposés, ils ont eu des disciples – bref, oui, tout a changé.

On s'arrache aujourd'hui les bourgognes rouges, si bien que l'on a parfois l'impression que cela vire au délire. Exemple ultime, un Richebourg 1978 Henri Jayer – son premier millésime de ce vin mythique –

dont une bouteille, une seule, a atteint dans une vente aux enchères menée par Christie's il y a quelques années, le prix... inimaginable de 50 000 euros! Soit environ 75 000 $.

Or, et comme on l'a vu plus haut, acheter et boire du bourgogne devient un véritable casse-tête, à cause de la hausse incessante de leurs prix.

« Les prix continueront à monter tant que les consommateurs accepteront de les payer », disait il n'y a pas si longtemps (en 2015) le viticulteur bourguignon David Duband à l'occasion d'une dégustation, à Montréal, de ses vins.

Bref, je bois du bourgogne avec parcimonie, même si je souhaiterais être en mesure d'en boire plus souvent et davantage...

En même temps, j'ai dans ma modeste cave de quelques centaines de bouteilles des vins rouges et blancs de la vallée du Rhône, notamment des Châteauneufs-du-Pape, des vins rouges du Piémont et de Toscane, des vins de Cabernet sauvignon de Californie, lesquels ont pour la plupart un très bon potentiel de garde, etc.

Et, également, des portos millésimés, ou vintages comme on dit souvent.

Car, aussi bien le dire, peu nombreux sont les jours où je ne bois pas, comme digestif, quelques verres de porto. Rarement des vintages, et presque toujours des LBV (*late bottled vintage*), le vin de ce type qui offre à mes yeux le meilleur rapport qualité-prix étant le Offley, vendu 20 $. Ce qui en fait, selon moi, une véritable aubaine. (Soit dit en passant, son producteur, Offley, a changé de bouchonnier fin 2016, ce qui est une bonne chose vu qu'il arrivait assez fréquemment d'en trouver des bouteilles légèrement bouchonnées depuis quelques millésimes.)

La bouteille débouchée, je la garde debout au réfrigérateur, tout en protégeant aussi le vin avec quelques giclées d'azote.

Autre aubaine, peut-être encore plus surprenante : le Sandeman 1999 Vau Vintage, vendu moins de 26 $ au moment où j'écris ces lignes (novembre 2017), et, chose précieuse, que son producteur a rebouché en 2016 – ce qui est indiqué sur le bouchon –, comme pour des premiers grands crus classés du Bordelais dans le cas de vieux millésimes. (Le 2011 devrait suivre sous peu.)

Prêt à boire, d'une complexité que n'a naturellement pas le LBV Offley 2012, velouté, il fait, servi frais, un merveilleux digestif. (La bouteille débouchée, j'en remplis deux demi-bouteilles, que je bouche et garde debout au réfrigérateur, de façon à en assurer la meilleure conservation qui soit... car impossible de boire toute une bouteille de porto en une soirée !)

Faut-il le rappeler? Le porto connut un temps, au Québec, dans les années 1990, un succès considérable. J'y fus (oublions la modestie!) pour quelque chose, car il était fréquemment question, sous ma plume, de ces vins.

Le malheur voulut qu'on le boive alors en digestif, après les autres vins, comme de l'eau. Autrement dit en quantités exagérées, ce qui provoquait, les lendemains de veille, des maux de tête.

Chose qu'il faut savoir: ce sont essentiellement les jeunes portos – les vintages et les LBV –, très riches en tannins, même si, à cause du sucre, on ne les perçoit pas, qui sont à l'origine des maux de tête.

Les vintages âgés, eux, dont les tannins se sont assouplis, mais également les tawnies, ne donnent pas mal à la tête, à moins, naturellement, d'en boire énormément.

Ces maux de tête finirent donc, peu à peu, par dissuader bon nombre de gens d'en boire, le porto gardant néanmoins au Québec beaucoup d'admirateurs.

LA FRANCE, L'ITALIE

En raison de la qualité de tant de ses vins, de leur diversité, du potentiel de vieillissement de nombre d'entre eux, la France est, et reste, le plus extraordinaire pays producteur de la planète.

Ce dont semblent parfois douter, ou chose qu'elles ignorent tout simplement, ses élites politiques et médiatiques…

Car à peu près pour tous les types de vins issus de cépages dits nobles (Cabernet sauvignon, Grenache, Merlot, Pinot noir, Syrah, Chardonnay, Chenin blanc, Sauvignon blanc, Sémillon, etc.), ce sont ceux de la France qui occupent le haut du pavé.

Vins du Médoc, du Libournais, des Graves, du Sauternais, Châteauneufs-du-Pape, Gigondas, bourgognes rouges de haut niveau, bourgognes blancs, Sancerres, Savennières, etc., ils règnent en maîtres.

Il y a des exceptions, notamment en ce qui regarde le Riesling, l'Alsace ayant de très rudes concurrents, à savoir l'Allemagne et l'Autriche.

Pour ce qui est des mousseux, la Champagne domine, et de très haut, même si la Lombardie fait d'excellents mousseux d'appellation Franciacorta, du niveau de quantité de champagnes et même supérieurs dans certains cas à bien des champagnes. Même chose en ce qui concerne la Californie. Où, on le sait, plusieurs maisons champenoises sont actives, notamment Roederer, Moët & Chandon et Mumm.

L'Italie est elle aussi juchée très haut dans le firmament viticole mondial. C'est, pour ainsi dire, la sœur cadette de la France, autrement dit le pays viticole qui a le plus à offrir après la France.

Son fer de lance consiste en deux cépages bien à elle, à savoir le Nebbiolo et le Sangiovese, le premier du Piémont, le second principalement de Toscane, avec lesquels ce pays élabore des vins au caractère très appuyé.

Or, et c'est tant mieux, il y a néanmoins plusieurs styles de Barolos et de Barbarescos, et même chose en ce qui regarde les vins rouges de Toscane, notamment des Chiantis ou encore des Toscana de dénomination IGT (ou IGP, pour indication géographique protégée selon la terminologie de l'Union européenne) issus uniquement de Sangiovese ou de Sangiovese associé à d'autres cépages.

Tous ces vins sont, traditionnellement, tanniques, souvent rudes, qu'il s'agisse de vins de Nebbiolo ou de Sangiovese, alors que certains producteurs s'affairent à produire des vins moins tanniques, plus aimables, et avec le fruit qui s'impose avant tout.

Deux exemples : les Chiantis de Castello di Ama, que je connais pour ma part depuis environ deux ans seulement, d'une chair, d'une consistance, d'un fruit et d'un éclat exceptionnels. Puis, tout aussi réussis, les Barolos de Paolo Scavino, ces deux producteurs étant, soit dit en passant, représentés au Québec par le même agent, Oenoteca, de Moreno di Marchi.

La Toscane fait aussi très bon ménage avec les cépages bordelais, particulièrement à Bolgheri, au centre-ouest de ce vignoble.

Les amateurs d'ici connaissent l'histoire : simple vin de table à ses débuts (*vino da tavola*), le Sassicaia, élaboré avec surtout du Cabernet sauvignon, mais également une petite portion d'autres cépages bordelais, finit par obtenir un tel succès qu'il fit école et que l'Italie en arriva à créer, pour lui seul, l'appellation Bolgheri-Sassicaia.

Chose qu'on sait moins, c'est le Québec qui fut l'un des tout premiers marchés à en reconnaître la qualité, alors que les millésimes des années 1970 du Sassicaia coûtaient moins de 20 $ la bouteille. Ainsi, le 1979 se vendait à 15,75 $, et j'en achetai 18 bouteilles…

Depuis, quelques dizaines de domaines sont apparus, en même temps que l'appellation Bolgheri, les plus réputés de ces vins étant, outre le Sassicaia, Ornellaia et Massetto, ce dernier, très dense, compact, et très cher, étant élaboré avec uniquement du Merlot, comme on sait.

COMMENT DÉCRIRE LES VINS ?

« Aucune substance consommable n'a la même complicité que le vin avec la parole », écrit d'entrée de jeu (ce sont les premières lignes) Martine Chatelain-

Courtois dans cet extraordinaire ouvrage qu'est *Les Mots du vin et de l'ivresse*. «Non seulement il délie les langues, poursuit-elle, en rendant les buveurs bavards ou poètes selon leurs talents, mais il est aussi le seul produit dont la consommation exige un commentaire, puisque savoir le boire revient à savoir en parler. »

Comment donc en parler ?

Œnologue réputé, Jean-Claude Berrouet, qui vinifia le Pomerol Château Pétrus de 1964 à 2008, soutient qu'une vingtaine de mots suffisent à décrire adéquatement les vins.

Feu Émile Peynaud, considéré unanimement comme le plus grand œnologue du 20ᵉ siècle, signale dans *Le Goût du vin* que les mots du vin n'étaient pas plus d'une quarantaine en 1780, sous la plume d'un dénommé Maupin, comparativement aux 180 qu'utilisait en 1896 le réputé répertoire des vins du Bordelais, le Féret, *Bordeaux et ses vins*.

Et aujourd'hui ?

Sans doute peut-on en compter plusieurs centaines en français, d'autant plus que nos amis de l'Hexagone – la France, bien sûr – ne cessent d'en rajouter, année après année. Une de leurs habitudes étant, semble-t-il, dès qu'un mot donné est connu et bien compris, de le remplacer par un autre... de préférence au sens obscur. On en a un bon exemple avec le mot *texture*, servant essentiellement à décrire la sensation que laissent en bouche les vins rouges – une sensation semblable à celle que procurent les tissus sous les doigts, on parle ainsi de vin rouge velouté, soyeux, grossier, etc. –, et que les chroniqueurs français remplacent fréquemment, désormais, par l'expression, qu'on peut juger ridicule, *toucher de bouche*.

Assez, c'est assez! dit en substance à ce sujet le journaliste et écrivain Jean-Paul Kauffmann, qui fut rédacteur en chef du magazine *L'Amateur de bordeaux*.

« Pour décrire le vin, il y aura bientôt 1 500 mots, souligne-t-il en effet dans une interview accordée à l'automne 2016 au magazine *Le Vigneron*. Vingt suffisent. Nous avons atteint les limites de l'excès, de l'enflure et du surenchérissement. » (Citation dont m'a fait part Jean Parent, autrefois de Réserve et Sélection, comme on l'a vu précédemment.)

Aux yeux de Martine Chatelain-Courtois, il y a « une pseudo-littérature abondante sur le vin, une prose d'une rhétorique ridicule, une poésie de mirliton, un style fleuri, mais fané ».

Ce genre de « pseudo-littérature », comme elle l'écrit, a disparu au Québec, à mon sens, en même temps que les connaissances sur le vin augmentaient, le résultat étant que les amateurs disposent désormais du vocabulaire voulu pour en parler correctement.

Des expressions qu'on entendait fréquemment autrefois, comme *c'est le petit Jésus en culotte de velours*, ou *il a de la cuisse*, etc., ont en effet disparu, au profit de mots et d'expressions adéquats.

À noter toutefois, comme le fait Martine Chatelain-Courtois et comme je l'ai déjà souligné dans une de mes chroniques, que les acceptions de nombre de mots d'usage courant servant à la description des vins ne figurent pas dans les dictionnaires.

Des exemples : les adjectifs *charnu*, *complet*, *mince*, *étoffé*, *long*, *court*, *carré*, aussi des mots et des expressions tels que *longueur en bouche*, *assemblage*, *attaque*, etc.

Comme on sait, il entre une grande part de subjectivité dans la dégustation, et donc dans les jugements qu'on porte sur les vins et les descriptions qu'on en fait.

Autrement dit, chaque dégustateur, et encore davantage ceux qui font métier d'écrire sur le vin, a sa façon d'en parler.

Pour ma part, ce que j'ai toujours voulu – et que je veux encore quand l'occasion se présente de parler de vins – est de tenter de donner de chaque vin l'idée la plus précise possible, du triple point de vue de la couleur, du bouquet et du goût.

Autrement dit, qu'à la lecture d'une description, ou à l'écoute d'une description faite de vive voix, le lecteur ou l'interlocuteur soit comme devant une photographie… de paysage.

La photographie n'est pas le paysage – et la description n'est pas le vin –, mais à la vue de la photo, de même qu'à la lecture ou à l'écoute de la description, il faut qu'on sache à quoi s'attendre le jour où l'on verra en réalité le paysage en question. Même chose au moment où l'on dégustera le vin concerné.

Le chroniqueur peut se tromper, il est possible que la *photo* soit floue ou plus moins réussie, mais elle existe…

Pendant toutes les années où j'ai écrit sur le vin, je m'en suis donc tenu à un vocabulaire que je voulais le plus clair possible, susceptible d'être compris par tous, c'est-à-dire à la fois des simples consommateurs et des amateurs avertis.

Une fois seulement pendant tout ce temps, une fois seulement mon employeur, *La Presse*, s'opposa à ce que j'utilise un certain mot, pourtant couramment employé par tous les chroniqueurs et blogueurs québécois.

Un mot d'argot, qui décrit très exactement un certain type de vins, surtout rouges…

Je dus renoncer à la chronique dans laquelle j'en faisais état, une chronique à saveur humoristique (il m'arrivait d'en faire une tous les deux ans environ), en forme de question, car j'y décrivais le type de vin avec ce fameux mot, en invitant le lecteur à se creuser la tête et donc à le trouver.

Le mot en question, que je dévoilais en fin d'article, est *guidoune*... dont tout le monde au Québec comprend très bien le sens.

«C'est pas mal *guidoune*», disent couramment les chroniqueurs et blogueurs – hommes et femmes – d'ici à propos de ces vins rouges presque toujours très boisés, veloutés, qui flattent le dégustateur dans le sens du poil.

Ce ne sont pas forcément de mauvais vins, mais pas non plus les meilleurs.

Mon employeur, lui, jugea que c'était de mauvais goût, c'est-à-dire politiquement incorrect, de faire état du mot en question. Je dus donc renoncer à cette chronique.

Faut-il enfin noter les vins selon un système ou un autre?

La question regarde tout particulièrement les chroniqueurs vin et, tout en l'ayant déjà abordée dans quelques chroniques, je me permets d'y revenir tant elle me semble capitale.

Pour certains chroniqueurs, la subjectivité est à ce point importante en matière de dégustation qu'il vaut mieux ne pas noter les vins, jugent-ils. Leur argument clé: le même vin, goûté en deux occasions, peut paraître différent d'une fois à l'autre, ce qui est exact. Comment alors se prononcer?

À mon avis, cependant, et malgré, je le répète, la part importante de subjectivité qui entre dans la dégustation et l'appréciation des vins, le chroniqueur se doit de noter les vins. Parce que c'est, *précisément*, l'un des buts de son travail, qui est d'informer le plus justement possible son lecteur, son auditeur ou son téléspectateur s'il s'agit d'une chronique à la radio ou à la télévision.

La note n'est pas tout, naturellement, mais, en un éclair, elle situe le vin dans l'échelle de la qualité, et elle invite le lecteur, l'auditeur ou le téléspectateur à prendre ensuite connaissance de la description.

Le chroniqueur peut se tromper, mais il en va de même pour le critique littéraire et le critique de cinéma qui notent les livres et les films.

Si on peut attribuer une note aux romans et aux films, qui sont choses autrement plus complexes qu'une bouteille de vin, comment peut-on défendre l'idée qu'il est imprudent et inopportun de noter les vins?

Personnellement, je ne notais pas les vins au moment où j'ai commencé à écrire sur le vin, à l'automne 1982.

Après quelques années, j'ai commencé à le faire, en employant le système de une à cinq étoiles, avec des demi-étoiles pour mieux nuancer.

Le hic : je notais les vins dans leur catégorie plutôt que dans l'absolu et il m'arrivait donc d'accorder la même note à un vin modeste que je jugeais très bon pour le prix et à un vin beaucoup plus cher.

« Il y a quelque chose qui ne marche pas dans votre système si vous pouvez donner la même note à un petit vin et à un grand vin », m'écrivit un jour, avant Internet, un lecteur.

Cela me fit grandement réfléchir, et peu après j'entrepris de noter les vins dans l'absolu. Selon cette méthode, que j'ai toujours employée par la suite, la note situe les vins par rapport aux meilleurs vins du même type.

D'un champagne noté 16 sur 20, on doit ainsi comprendre qu'il est très bon, mais sans commune mesure avec, par exemple, le Champagne Pol Roger 2002 Sir Winston Churchill, goûté avant les fêtes de 2015, et qui est une merveille de complexité, d'équilibre, de finesse et de longueur en bouche. 20 sur 20.

Même chose pour le Dom Pérignon 2004, goûté fin 2016, ample, généreux, d'une complexité inouïe au nez et en bouche, et en même temps d'un équilibre parfait. 20 sur 20 également.

Finalement, et après avoir utilisé l'échelle de une à cinq étoiles pendant nombre d'années – tout en notant pendant tout ce temps également sur 20 pour mon usage personnel –, je passai, à la demande de *La Presse*, fin 2011, à la notation sur 20 points.

10

LE VIGNOBLE
QUÉBÉCOIS

Il y a une trentaine d'années, bon nombre de Québécois, je veux dire de simples particuliers, élaboraient eux-mêmes du vin, souvent avec des moûts concentrés, pour leur consommation personnelle.

Les boutiques vendant ces moûts et tous les accessoires nécessaires aux vinifications étaient donc nombreuses.

Toutefois, certains de ces vinificateurs amateurs préféraient vinifier des raisins frais provenant de Californie qu'ils achetaient, à l'automne, de revendeurs tels ceux du marché Jean-Talon, à Montréal.

Thomas Bachelder l'a fait, comme je l'ai signalé, et j'ai bien connu deux autres de ces vinificateurs amateurs, Pierre Chrétien et Paul Tétrault, dont les vins étaient étonnamment bons.

Au milieu des années 1980, je fis même une très longue interview de Pierre Chrétien qui expliquait, étape par étape, sa méthode de vinification, que *La Presse* publia dans son intégralité. Beaucoup d'autres vinificateurs amateurs ont sans doute tiré profit de la chose.

Pour sa part, Paul Tétrault m'invita un jour, à l'automne, chez lui, sur la rive sud de Montréal, à participer à l'assemblage final de son vin.

Je savais, théoriquement, par mes lectures, ce qu'est l'assemblage, mais ce jour-là je compris, grâce à lui, ce que c'est réellement et à quel point cette opération peut modifier, dans un sens ou dans l'autre, l'allure d'un vin.

De mémoire, il avait à sa disposition au moins trois cuvées différentes et il entreprit, en variant les quantités utilisées de chaque cuvée, et donc de chaque cépage, d'élaborer différents assemblages, lesquels étaient naturellement de volumes très réduits, de la taille d'un petit verre.

Et, tous les deux, nous goûtions.

Beaucoup de Merlot, et le vin était souple, facile ; beaucoup de Cabernet sauvignon et il était nettement plus ample et plus tannique, etc.

Autrement dit, selon le mélange, selon l'assemblage, le vin prenait une allure qui différait grandement.

Les viticulteurs de Bordeaux et d'ailleurs ne font pas autre chose, tout en cherchant, bien sûr, à tirer le meilleur parti possible de leur vendange et en restant fidèles à leur style.

Ils testent ainsi plusieurs assemblages, une des clés étant l'intégration, ou pas, dans l'assemblage, d'une quantité plus ou moins variable de vin de presse, c'est-à-dire du vin très dense, très tannique qu'on obtient en pressant les matières solides qui reposent au fond des cuves une fois la vinification terminée.

Certains Bordelais ne gardent que le vin dit de goutte, sans donc utiliser de vin de presse, d'autres en mettent, etc.

Bref, tout est possible.

Dans le cas du vin de Paul Tétrault, je me souviens fort bien que l'assemblage retenu était celui du vin, je dirais, le plus équilibré et en même temps le plus prometteur.

Et nous étions d'accord.

C'était en 1981, à l'automne, il y a donc 37 ans de cela…

Avant même de tenir à *La Presse* la chronique hebdomadaire sur le vin, je fis, comme je l'ai signalé plus avant, plusieurs reportages sur «les premiers vrais vignerons du Québec» – le titre que je donnai alors à cette série d'articles.

Or, il n'y avait alors, en tout et pour tout, que cinq propriétés viticoles au Québec ! Soit l'Orpailleur et les Côtes d'Ardoise, puis Angel, Saint-Alexandre et la Vitacée, ces trois dernières ayant disparu, mentionne Charles-Henri de Coussergues, vigneron et copropriétaire de l'Orpailleur.

Depuis, le vignoble québécois s'est considérablement développé, puisqu'il compte désormais quelque 150 domaines viticoles !

«La Régie des alcools, des courses et des jeux (RACJQ) a délivré à ce jour 156 permis artisanaux», indique M. de Coussergues, qui s'est installé au Québec en 1982 et fut parmi les fondateurs, en 1987, de l'Association des vignerons du Québec.

Longtemps vice-président de l'organisme, puis son président de mars 2008 à mars 2015, il a été un témoin privilégié du développement accéléré de la viticulture québécoise.

Des 156 domaines auxquels la RACJQ délivra un permis, une quinzaine, note-t-il en substance, n'existent plus.

«On ne se trompe pas en disant qu'il y a entre 550 et 600 hectares de vignes au Québec et qu'il y a 140 vignobles commerciaux, plus quelques producteurs de raisins », précise-t-il dans un long courriel en réponse à mes questions.

Chose qui saute aux yeux : cette apparition (le mot n'est pas trop fort) du vignoble québécois s'est faite en même temps que les Québécois apprenaient à connaître le vin, que celui-ci, jusque-là absent de nos tables, y prenait une place de plus en plus importante.

Beaucoup de facteurs ont joué et poussé à la roue, selon le copropriétaire de l'Orpailleur.

D'abord, fait-il remarquer, « ici comme ailleurs, la vigne est le secteur agricole ayant un pouvoir de séduction inégalé ».

Mais, pour en arriver là où il est rendu à l'heure actuelle, le vignoble québécois a dû mener de nombreuses batailles, notamment à cause du « côté très frileux du législateur », c'est-à-dire du gouvernement du Québec.

Autrement dit, Québec a beaucoup tardé à accorder aux viticulteurs d'ici les outils nécessaires à leur croissance.

Au départ, il faut le rappeler, ceux-ci ne pouvaient commercialiser leurs vins qu'à la propriété, ce qui était un frein puissant au développement du secteur.

Désormais, et ce, depuis 1996, les vignerons peuvent vendre leurs vins directement aux restaurants, et quantité de vins du Québec (166 fin 2017) sont commercialisés à la SAQ.

Il y a 20 ans, il n'y en avait qu'un seul, à savoir un blanc de l'Orpailleur !

Au surplus, les succursales disposent d'une section réservée, depuis 2006, précisément aux vins québécois.

À l'heure actuelle, toutes les succursales (il y en a 405) ont leur section « Origine Québec », sauf les 11 succursales SAQ Dépôt et Signature.

Autre avancée : les viticulteurs sont désormais autorisés à vendre leurs vins dans les salons et les expositions consacrés à la production viticole.

Enfin, depuis la mi-décembre 2016, la vente des vins du Québec d'une teneur en alcool supérieure à 7 % est autorisée dans les épiceries, en vertu de la nouvelle Loi sur le développement de l'industrie des boissons alcooliques.

BLANCS, ROUGES, MOUSSEUX...

Sans en avoir goûté des milliers, il me semble, depuis déjà de nombreuses années, que les meilleurs vins du Québec sont les vins de glace, d'un niveau égal à leurs pendants européens (d'Allemagne, d'Alsace) ou d'un type plus ou moins similaire, du genre *vin santo*, d'Italie.

«Oui, je le pense aussi, écrit Charles-Henri de Coussergues, les résultats lors de différents concours internationaux le démontrent.»

On n'a qu'à penser, notamment, aux vins de glace du Vignoble du Marathonien, d'Havelock, au sud de Montréal, de Line et Jean Joly, qui ont raflé on ne sait plus combien de prix et qui, de plus, vieillissent admirablement.

On croit généralement que la production de blancs – ces vins étant d'habitude jugés supérieurs aux rouges – dépasse nettement celle de vins rouges.

Il n'en est rien, selon le copropriétaire de l'Orpailleur, d'après lequel la production de vins blancs représente 40 % du volume total, et même chose (40 %) en ce qui regarde les rouges, le reste (20 %) des vins produits étant des rosés.

Pour ce qui est des vins blancs, précise-t-il, il y a dans le lot une portion non négligeable (5 %) de vins de glace et de vendange tardive, mais également un peu (3 %) de mousseux.

Dans le cas de ces derniers, on peut s'attendre à ce que la production augmente sensiblement au cours des prochaines années.

Pour l'instant, seule une douzaine de vignerons font du mousseux, beaucoup étant encore «intimidés» par la méthode d'élaboration de ce type de vins, dite méthode traditionnelle, l'expression méthode champenoise – ce qui est la même chose, comme on sait – étant réservée depuis déjà nombre d'années à la Champagne.

L'arrivée de nouveaux consultants en œnologie, qu'entraîne le développement de la viticulture d'ici, contribuera à mieux faire connaître cette méthode et donc... à décomplexer les vignerons québécois, prévoit Charles-Henri de Coussergues.

Car, selon lui, le Québec dispose avec le Seyval, à l'acidité bien présente, d'un cépage très propice à l'élaboration de ces vins.

L'auteur du *Guide des champagnes et des autres bulles*, Guénaël Revel, va plus loin encore : il estime, en effet, que « les meilleurs vins du Québec sont les vins effervescents. Le Québec, selon moi, est naturellement gâté par la nature en la matière ».

Car, explique-t-il, notre climat y est favorable, en raison de l'importance de l'« amplitude thermique », c'est-à-dire de l'écart des températures entre l'hiver et l'été.

« Les meilleures régions viticoles qui élaborent des vins effervescents sont celles dont l'amplitude thermique est la plus grande (Franciacorta, Limoux, Jura, etc.) ou celles dont la température moyenne annuelle est faible (Angleterre, Moselle, Champagne) », signale-t-il dans un courriel.

Autre avantage de ce qu'il appelle un « terroir de l'extrême » : la culture, notamment, d'un cépage à l'acidité marquée, à savoir le Seyval, l'acidité comptant parmi les « vecteurs de qualité » pour ce qui a trait aux mousseux, celle-ci étant à l'origine, au cours de la seconde fermentation (en bouteilles, donc), des arômes rappelant la pâtisserie, note-t-il en substance.

Le sait-on ? L'Orpailleur fut le premier domaine viticole du Québec à élaborer un mousseux, puisque c'est en 1991 qu'il commença à produire un vin de ce type.

LES SOLS, LES CÉPAGES, LES RÉGIONS

Selon Wikipédia, le Québec compte huit régions viticoles. L'Association des vignerons du Québec est plus mesurée, si l'on peut dire, puisqu'elle en dénombre cinq seulement.

Les plus importantes, au nombre de trois, comptent pour environ 80 % de la production québécoise, soit les Basses-Laurentides, les Cantons-de-l'Est et la Montérégie, indique le copropriétaire de l'Orpailleur. Lanaudière et la région de Québec complètent le tableau.

En fait, si Wikipédia fait état de huit régions plutôt que de cinq, à la suite d'informations recueillies on ne sait trop comment, c'est sans doute parce que les expressions «régions viticoles» et «route des vins» ont un pouvoir d'attraction touristique marqué, estime Charles-Henri de Coussergues.

Côté cépages, le Québec en utilise une trentaine, dont une dizaine, les plus cultivés, représentant environ 80% des plantations. En blancs, Seyval, Vidal, Frontenac blanc, Saint-Pépin et Vandal-cliche, et, en rouges, Frontenac rouge, Marquette, Maréchal Foch, Petite Perle et Seyval noir.

Tous ces cépages sont des hybrides, et donc obtenus par le croisement de variétés de l'espèce *Vitis vinifera* et de variétés d'espèces américaines (*labrusca*, *riparia*, *rupestris*).

Or, une vingtaine de vignobles ont planté également des cépages de l'espèce *Vitis vinifera* – Chardonnay, Pinot noir, Cabernet sauvignon, etc. Au total, estime Charles-Henri de Coussergues, le nombre de ces plantations s'élève à tout au plus une trentaine d'hectares.

«Si la qualité et les consommateurs sont au rendez-vous, on verra dans les prochaines années un développement dans les *viniferas*», fait-il remarquer.

Vignes qui ne résistent pas aux très grands froids, mais, quand même, jusqu'à moins 17 à moins 20 degrés Celsius, les *viniferas* demandent «une protection hivernale», écrit le copropriétaire de l'Orpailleur.

La manière traditionnelle de faire au Québec est de butter les pieds de vigne, c'est-à-dire de les recouvrir de terre à l'automne, puis de les déchausser au printemps. (Les vignerons parlent de buttage et de débuttage.)

Cela fonctionne bien pour les hybrides dont le pied est très court, mais beaucoup moins bien en ce qui concerne les *viniferas* au cordon (la partie horizontale du pied) fixé sur fil de fer, ou aux cordons, car il peut y en avoir deux, longs d'une cinquantaine de centimètres, que le déchaussage risque d'abîmer.

Charles-Henri de Coussergues : « Depuis peu, des toiles géotextiles sont utilisées comme mode de protection et cela semble donner d'assez bons résultats. »

Enfin, les hybrides sont résistants au phylloxera, contrairement aux *viniferas,* qui doivent être greffés sur des porte-greffes d'espèces américains, dont la *riparia,* qu'on « trouve aujourd'hui en abondance à l'état sauvage au Québec », note-t-il.

La plupart des vignobles historiques (Bourgogne, Bordelais, Toscane, etc.), mais aussi ceux qui montent, notamment ceux de la Colombie-Britannique et de l'Ontario, étudient minutieusement leurs sols afin, entre autres, de déterminer ce qui est la meilleure adéquation sols-cépages. Autrement dit, quels sont les sols favorables à la culture de tel ou tel cépage.

Des études du genre ont été menées au Québec sous la direction de l'Université Laval pour le compte de l'Association des vignerons du Québec, puis abandonnées après deux ans, faute de fonds. Ce que déplore Charles-Henri de Coussergues, les gouvernements, en raison du poids de la viticulture québécoise jugé insuffisant, se refusant à mettre la main au portefeuille…

« C'est d'autant plus frustrant quand on voit toutes les recherches qui se font en Ontario et en Colombie-Britannique », souligne-t-il.

Enfin – et cela à la suite de l'échec des négociations avec les autres régions viticoles canadiennes en vue de la création d'une dénomination commune –, l'Association des vignerons du Québec a confié à un groupe de travail, en 2008, le soin de concevoir ce qui allait devenir, un an plus tard, la dénomination Vin du Québec certifié (VQC).

« Le contrôle du respect des normes a été confié à un organisme de certification externe […] la firme Concert, filiale d'Ecocert (culture biologique) », signale l'Association des vignerons sur son site.

Il y a aujourd'hui 136 vins du Québec qui ont droit à la dénomination Vin du Québec certifié.

Diplômé en viticulture-œnologie de l'École de viticulture de Bonne-Nouvelle, de Pézenas (sud de la France), et fils de vigneron, Charles-Henri de Coussergues mit les pieds au Québec à l'âge de 22 ans, en 1982.

Cela, à la suggestion d'un viticulteur comptant parmi les voisins et amis de sa famille, Hervé Durand – celui-ci venait d'acheter ce qui allait par la suite devenir l'Orpailleur –, à une époque où le vignoble du père de Charles-Henri de Coussergues était exclu de l'appellation Costières de Nîmes.

« En raison d'un malheureux concours de circonstances lié à la géographie », racontait-il à la journaliste Anne Desjardins en 2010.

Pour cette raison, l'exploitation familiale n'était pas rentable, et, après y avoir travaillé pendant quatre ans, il n'était donc pas du tout enclin à prendre la suite de son père. (Lequel, n'ayant pas de relève, arracha en 1986 ses 50 hectares de vignes, afin de profiter des primes à l'arrachage qu'accordait alors le gouvernement français avec l'objectif de réduire les plantations.)

Durand lui suggéra donc, comme un défi, de s'installer au Québec et d'y planter de la vigne… Ce qu'il fit et avec succès. En effet, Charles-Henri de Coussergues a été un des principaux moteurs du développement de la viticulture au Québec, laquelle lui doit énormément.

Comme on l'a vu, il n'y avait qu'un seul vin du Québec commercialisé par la SAQ en 1996, contre cinq au cours de l'exercice 2001-2002. Et, je le répète, 166 à l'heure actuelle.

Les ventes ont aussi, bien sûr, considérablement augmenté, à la fois en volume et en valeur.

De 700 caisses et 130 000 $ en 2001-2002, leur nombre a grimpé à plus de 44 700 caisses standards (12 bouteilles) en 2016-2017 pour un montant de 9,8 millions.

Bref, ce n'est plus le même monde. La viticulture québécoise existe.

TABLE DES MATIÈRES

DU MÊME AUTEUR

LITTÉRATURE

Jos Carbone, roman, Éditions du Jour, 1967
(épuisé); Boréal Compact, 2013.

Les Voleurs, roman, Éditions du Jour, 1969
(épuisé); Stanké, 1981.

Patience et Firlipon, roman, Éditions du Jour, 1970
(épuisé); Stanké, 1981.

Les Princes, récit, Éditions du Jour, 1973
(épuisé); Stanké, 1981; Typo 1995.

Gisèle et le serpent, roman, Libre Expression, 1981
(épuisé); Typo, 1994.

Rodolphe Stiboustine ou l'enfant qui naquit deux fois,
roman, Boréal junior, 1993.

Confessions d'un extraterrestre, roman, Boréal, 2013.

CINÉMA

Réjeanne Padovani, en collaboration avec Denys Arcand, scénario, L'Aurore, 1975.

La Maudite Galette, scénario, Le Cinématographe, VLB, 1979.

JOURNALISME

L'Extrême-gauche, grand reportage, 144 pages, La Presse Ltée, 1977 (épuisé).

VIN

Les Plaisirs du vin, Libre Expression, 1985 ; publié une seconde fois sous le titre *La Dégustation avec Jacques Benoit*, Libre Expression, 1995.

Bouquets et Arômes, Éditions La Presse, 2007.